陶棟編

歷代建元考

中華書局印行

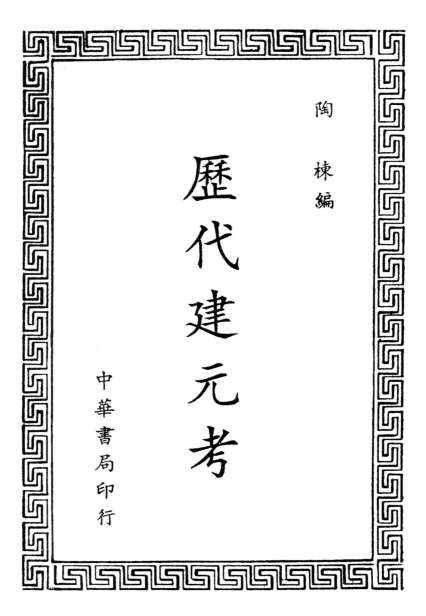

薛序

夷考吾國自炎黃至今，亘數千年；歷代相沿，文明遞嬗，關於編年紀事之書，汗牛充棟。是以初學有志史學者，恆苦難得津梁，廢書興嘆。至於建元一書，向少完善之作；即績學之士，對於歷代建元正閏僭竊諸大端，亦多難了然，識者慨之。貴筑陶君震生，學極淵博，讀史得間；邇以服務路政之暇，纂就歷代建元考，起西漢文帝壬戌，終清宣統辛亥，舉凡吾國歷代年號，大略具於此矣。而且考表分明，條理秩然，能使閱者一經寓目，無繙閱全史之勞，可得提綱挈領之要，洵佳本也。其嘉惠後學，豈淺鮮哉！書成，馳函問序，用綴數語以誌景仰。

中華民國十八年三月解梁薛篤弼謹序。

陶序

儒者貯衡今古，考鑒成敗治亂之源，必以讀史爲急務。然諸史充棟，不獨政治沿革，紀、傳、志、表，披覽惝怳，即歷代紀元年號，炎漢迄今二千餘載，正閏僭竊，糾紛複沓，非有鉤元提要，未易豁目爽心。前人彙錄年號之書，自唐封氏演以下，繼作者不啻數十家，疏密不等，大都積久亡佚。即近代吾鄉沈氏德符之正閏考，俞氏汝言之紀年譜，周氏楚之續歷代帝王年表，皆不可得見。嘉慶甲子，鄉先輩葉兩垞先生，有紀元通考十二卷，安化陶文毅武進李申耆皆稱其精密詳審，勝於古人。咸豐兵燹，原板成劫灰。三十年前曾得一部，不甚措意。已而南北奔走，此書亦復遺失。詢之書肆，罕知其名，曷勝惋惜！族姪震生，孤露轉徙，不廢佔畢。去夏由青島寄示所輯歷代建元考四編，博收約載，鱗次臚陳，正閏僭國，都凡九十有八；改元建號，凡七百五十有八；附錄僭竊及見於雜書者又四百廿有三。損其評論，增其表牒，如珠在握，如絲不紊，堪備讀史者參考之資。震生囑爲校訂，幷索序言。余於乙部初無心得，加以衰病荒落，奚能有所裨益！繙閱既竟，稍以臆見商訂數條，以視葉著，或可先後頡頏。其體裁略有不同，則時地爲之，具詳自序及凡例中，余不贅論。夫史不易讀，讀史而爲之撰表，條舉綱羅，鈎心鬬角，尤屬難能；非若史評劄記，可信筆發議，有乘輿攄辭之樂也！乃震生於飢驅之餘，不憚孳孳薈萃，洵沈潛嗜學，爲人所難者矣。以餉閱者，大省考索之勞，當不以余言爲阿好乎！己巳孟春，秀州陶葆廉書於歇浦寓廬。

自序

建元一書，向少完善之作，若太史公之八表，若司馬溫公之資治通鑑目錄，若萬季野之歷代史表，若齊次風之歷代帝王年表，並各家紀元之作，非不精核詳贍，足資觀覽；顧均爲年代所限，不能聯貫，而又偏重記事，考表合一，錯綜其下，旁行斜上，繁重異常，檢一建元，非閱數紙不能盡其簡者。又或僅列表而罔事蹟，閱之索然。而且大安太安，所殊不過一點；大慶天慶，所別惟在一畫。轉寫易訛，輒滋疑問。漢有建武，而東晉後趙蕭齊胥有建武；魏有正始，而後燕北魏復有正始；晉有永嘉，而東漢先有永嘉；以及黃龍甘露太初天漢，建元重複，尤指不勝數。自非通識，鮮不錯誤層出，後先莫辨，讀者每引爲遺憾。竊不自料其淺薄，輒欲刪繁纂要，勒成一書，易橫爲豎，考表分行，以醒眉目。每國有考，僅誌緣起以識梗概，繁難者別立總考。而表則惟重建元之沿革，與改元之次數。其重出者，更彙爲總表，附諸卷末，藉省閱者翻檢之勞，而考古者得鑑別之助。所錄無分正閏割據，但有建元者在所必書，意在考古，無取謹嚴；鑑空衡平，惟求實用。起漢文帝壬戌元年，終清宣統辛亥三年，爲年二千九十，爲國九十有八，爰釐爲三編，又附錄一編，付之剞劂，顏曰歷代建元考云。

歲在著雍執徐，畢月中旬，貴筑陶棟序。

凡例

一本書主旨，意在整理國故，運以科學方法，化繁爲簡，藉便研究，爲治史之初步可，爲考古之助亦無不可。

一本書以表爲主，以考爲輔，重建元而不重記事；除正統各國略誌緣起傳次年數，間及大事外，其餘諸僭國僅著僭立起訖，以歸簡易；欲求厥詳，自有正史及各家纂述在。

一各僭國頭緒紛繁，不易明瞭者，別列總考於各表之前，以資參考。

一凡互相吞幷，興替無常，有非數字所能顯示者，如東晉之十六國，五代之十國等，各於結尾後殿以興亡表，以補總考所不及。

一凡帝王稱謂，各史棼如，有稱宗者，有稱諡者，有稱廟號徽號或陵號者，不但名稱淆亂，抑且易致重複。本書於正統及敵體之國，僅稱宗諡，自餘各號，悉行刪去，而於某宗某帝之下各註諱名，最初一帝必冠姓氏，以資識別而免各朝牽混。

一凡僭國稱謂，概從簡易，無論帝王宗諡一律改稱某主，以昭畫一而示區別。僭竊之暫據一方者，則削其主號，直標姓名。

一建元之重出者，則彙爲總表，附諸卷末，註明某國某帝及重複次數，以資校對而免檢查之煩。

一本書所收建元，係採普徧主義，除外藩外國及中葉諸僭竊外，無分正閏割據，一律登載。其立國無建元或奉他國年號者，概不著錄以示限制。

一凡奉他國年號，嗣後又未改元，或立國之始未建年號，而其子若孫有年號者，則本人不列表內，僅著其傳世之次序於國別考中或標題之下，以示不沒其實。又本身無年號而其祖若父有年號者倣此。

一正統者乃各國之綱領也；揆以江河朝宗之義，自應嚴定一尊，用示區別。茲於本書之終，殿以歷代正閏系統表，庶二千載之史事，有所附麗，且示採錄雖寬，而所重者固有在也。

一正統之論，自昔紛紜，本書於此，一以斷合事理爲斷。紫陽之奪魏予蜀，義雖正大，實未合事理之宜。崇魏黜蜀，自以涑水之義爲長。何以言之？蜀先魏亡，承魏者晉；予蜀，則蜀亡後之正統不免有中斷之嫌，予魏則前有所承，後有所授，可免中斷，事理較爲允協。本書一仍涑水之舊，列魏於正統表中；若夫正而不統，與夫統而不正，乃嚴格之正統論，非本書之範圍，概不具論。

一 凡正統國易代之際，各史大都一年兩列，互書建元年數，最易牽混。本書於此，僅書與國之建元，其亡國之建元，皆算至前一年爲止，以免重複。又凡同一國家，一年中有兩君二建元，或同一君二建元者，亦倣此。

一 凡正統國年數之起算，一以其國始得正統之年爲斷。例如隋之正統，得之於陳，其開皇九年以前之年數，旣未滅陳，概不算入正統數內，以免年數重複，有兩統之嫌，餘倣此。

一 本書所列建元，以見於正史者爲限。其正史所無，散見各家著述者，尙復不少；惟大都根據稗乘，無關大義，未敢據爲典要。第爲廣異聞計，爰萃爲拾遺一編，附諸本書之後，以備閱者之參考。又雖見正史而事蹟不詳，或無國號，及各朝中葉諸僭竊，本書中不便立考者，一概歸入拾遺中。

震生手識

歷代建元考目錄

第二編　起隋終五代……三八——五八

右凡九十八國共建元七百五十有八

右計建元凡四百二十有三

歷史叢書

歷代建元考

第一編　起西漢終南北朝

西漢

姓劉氏，名邦，字季，沛豐人。於秦二世元年九月，起兵於沛，稱沛公。又三年乙未，即漢王位，漢五年，即皇帝位，都長安。傳十。二帝一后，凡二百一十四年。惟自高祖至惠帝呂后，共在位二十七年，皆無年號，故不列入表內。以後倣此。

文景二帝，雖未建元，其後元、中元，迹近年號，且後此武帝光武曾用以建元，故並載焉。又帝王之有建元，自武帝始，以前無建元名目，僅曰某帝幾年而已。至以建寅之月定爲歲首，亦起於武帝太初元年。

帝別	建元別及年數	改元次數	在位年數
文帝 劉恆	元至十六 起壬戌 後元七 起戊寅	一	二十三
景帝 啓	元至七 起乙酉 中元六 起壬辰 後元三 起戊戌	二	十六
武帝 徹	建元六 起辛丑 元光六 起丁未 元朔六 起癸丑 元狩六 起己未 元鼎六 起乙丑 元封六 起辛未 太初四 起丁丑 天漢四 起辛巳 太始四 起乙酉 征和四 起己丑	十一	五十四

帝別	建元別及年數	改元次數	在位年數
	後元二 起癸巳		
昭帝 弗陵	始元六 起乙未 元鳳六 起辛丑 元平一 丁未	三	十三
宣帝 詢	本始四 起戊申 地節四 起壬子 元康四 起丙辰 神爵四 起庚申 五鳳四 起甲子 甘露四 起戊辰 黃龍一 壬申	七	二十五
元帝 奭	初元五 起癸酉 永光五 起戊寅 建昭五 起癸未 竟寧一 戊子	四	十六

成帝 驁	建始四 起己丑 河平四 起癸巳 陽朔四 起丁酉 鴻嘉四 起辛丑 永始四 起乙巳 元延四 起己酉 綏和二 起癸丑	七	二十六
哀帝 欣	建平四 起乙卯 太初元將 丙辰六月改六月仍稱建平二年 元壽二 起己未	三	六
平帝 衎	元始五 起辛酉	一	五
孺子嬰	居攝二 起丙寅 初始一 戊辰十月改	二	三

西漢末閏位國二

新　安漢公王莽，於初始元年十二月篡漢，自稱新皇帝。明年改元始建國，都長安，在位十四年有奇。更始元年九月，爲漢兵所誅。

漢　淮陽王劉玄，漢舂陵節侯買之元孫，長沙定王發之五世孫，於地皇四年二月，爲新市平林諸將所立，因初號更始將軍，故即位後即以更始紀元，都宛，遷洛陽，明年又遷長安，爲赤眉所敗走。建武元年秋，封淮陽王，是年冬，爲赤眉所殺。在位二年。

國別	主別	建元別及年數	改元次數	在位年數
新	安漢公 王莽	始建國五 起己巳 天鳳六 起甲戌 地皇四 起庚辰地皇四年即建武元年	三	十四 十四年零九月
漢	淮陽王 劉玄	更始三 癸未二月改三年六月即建武元年	一	二

西漢末僭國一

成

公孫述，於更始元年秋起兵成都，稱益州牧。二年秋，稱蜀王。三年四月，稱成帝，改元龍興，國號成。建武十二年十一月，兵敗，爲漢將吳漢所殺，在位十三年。

主稱	建元及年數	改元次數	在位年數
成主 公孫述	元年 甲申 龍興十二 起乙酉	一	十三

東漢

劉秀，漢宗室，長沙定王發之五世孫，於地皇三年秋，偕兄縯起兵舂陵，與復漢室。更始元年，徇河北，二年封爲蕭王，明年六月，卽皇帝位於眞定，改元建武，都洛陽，傳十三帝，一百九十五年，爲曹丕所篡。

帝別	建元別及年數	改元次數	在位年數
光武帝 劉秀	建武三十一 起乙酉 中元二（一曰建武中元） 起丙辰	二	三十三
明帝 莊	永平十八 起戊午	一	十八
章帝 炟	建初八 起丙子 元和三 起甲申 章和二 起丁亥	三	十三
和帝 肇	永元十六 起己丑 元興一 乙巳	二	十七
殤帝 隆	延平一 丙午	一	一

帝別	建元別及年數	改元次數	在位年數
安帝 祜	永初七 起丁未 元初六 起甲寅 永寧一 庚申 建光一 辛酉 延光四 起壬戌	五	十九
順帝 保	永建六 起丙寅 陽嘉四 起壬申 永和六 起丙子 漢安二 起壬午 建康一 甲申	五	十九
沖帝 炳	永嘉一 乙酉	一	一

質帝	纘	本初一	丙戌	一	一
桓帝	志	建和三	起丁亥	七	二十一
		和平一	庚寅		
		元嘉二	起辛卯		
		永興二	起癸巳		
		永壽三	起乙未		
		延熹九	起戊戌		
		永康一	丁未		
靈帝	宏	建寧四	起戊申	四	二十一
		熹平六	起壬子		
		光和六	起戊午		
		中平六	起甲子		
少帝	辯	光熹	己巳四月改	二	
		昭寧	己巳八月又改		
獻帝	協	永漢	己巳九月改	六	三十一
		中平	己巳十二月復稱六年		
		初平四	起庚午		
		興平二	起甲戌		
		建安二十四	起丙子		
		延康一	庚子即魏黃初元年		

【附註】少帝辯於中平六年四月即位，改元光熹，八月又改昭寧；九月，董卓廢帝爲宏農王，立獻帝改元永漢，十二月詔除光熹昭寧永漢三號，自十二月以前，仍稱中平六年。

三國

魏

曹氏自漢丞相操於建安十八年自立爲魏公，旋稱王。至子丕，於延康元年十月篡漢，廢獻帝爲山陽公，有中原地，都洛陽，傳五主，共四十五年而禪於晉。

帝別	建元別及年數	改元次數	在位年數
文帝 曹丕	黃初七 起庚子冬十月	一	七
明帝 叡	太和六 起丁未 青龍四 起癸丑 景初三 起丁巳	三	十三
邵陵公 芳	正始九 起庚申 嘉平五 起己巳	二	十四
高貴鄉公 髦	正元二 起甲戌 甘露四 起丙子	二	六
元帝 奐	景元四 起庚辰 咸熙二 起甲申二年卽晉太始元年	二	五

蜀漢

劉備，漢宗室，中山靖王之後。於魏黃初元年定益州，稱漢中王。翌年卽皇帝位，改元章武，有益州巴蜀漢中地，都成都。傳二主，共四十四年而滅於魏。

帝別	建元別及年數	改元次數	在位年數
昭烈帝 劉備	元年 庚子 章武三 起辛丑三年夏卽建興元年	一	三
後主 禪	建興十五 起癸卯 延熙二十 起戊午 景耀五 起戊寅 炎興一 癸未	四	四十一

吳

自孫策創業，孫權繼之，有荊揚二州及交州地。黃初二年，降魏，受封吳王。明年，改元黃武；太和三年稱皇帝，改元黃龍，由武昌遷都建業，與漢約中分天下，傳四主，共五十九年而滅於晉。

帝別	建元別及年數	改元次數	在位年數
大帝 孫權	黃武七 起壬寅 黃龍三 起己酉 嘉禾六 起壬子 赤烏十三 起戊午	六	三十
	太元二 起辛未 二年卽神鳳建興元年 神鳳 壬申二月改		
候官侯 亮	建興二 壬申四月改 五鳳二 起甲戌	三	六

帝別	建元別及年數	改元次數	在位年數
	太平二　丙子十月改		
景帝　休	永安六　戊寅十月改	一	六
歸命侯　皓	元興一　甲申七月改 甘露一　乙酉 寶鼎三　起丙戌	八	十七
	建衡三　起己丑 鳳凰三　起壬辰 天冊一　乙未 天璽一　丙申 天紀四　起丁酉		

西晉

司馬炎，於魏咸熙二年十二月篡位，改元泰始，至太康元年平吳，天下混一，都洛陽傳子惠帝，八王相攻，五胡並起，懷愍二帝，遂爲匈奴之漢所害，計四主，共五十二年而滅於匈奴。

帝別	建元別及年數	改元次數	在位年數
武帝　司馬炎	泰始十（一作太始）　起乙酉 咸寧五　起乙未 太康十　起庚子	四	二十五
惠帝　衷	太熙　庚戌改 永熙一　庚戌四月改 永平　辛亥改	十一	十七

	元康九 辛亥三月改 永康一 庚申 永寧一 辛酉 太安二 一作泰安 起壬戌 永安 甲子正月改 建武 甲子七月改 永安 十一月復稱 永興二 甲子十二月改 光熙一 丙寅		
懷帝 熾	永嘉六 起丁卯	一	六
愍帝 鄴	建興四 起癸酉	一	四

【附註】 按懷帝於永嘉五年洛陽陷後，爲劉曜執送平陽。六年，愍帝尚未立；是年天下無主，綱目仍書永嘉六年，以免正統中斷。茲從綱目書永嘉六年，示不予羣胡之意云。

東晉

司馬睿，本琅邪王，鎮守江左。西晉亡後，因劉琨等勸進，隨於丁丑三月即晉王位於建康改元建武。太興元年三月，即皇帝位。傳至安帝元興二年，桓玄篡位，廢帝。甲辰，劉裕討平桓玄，迎帝復位，裕執朝政。義熙戊午，裕弒帝，立恭帝。共十一主，一百零三年，而篡於劉宋。合兩晉共一百五十五年。

帝別	建元別及年數	改元次數	在位年數
元帝 司馬睿	建武一 丁丑 太興四 一作大興 起戊寅 永昌一 壬午	三	六
明帝 紹	太寧三 起癸未	一	三
成帝 衍	咸和九 起丙戌 咸康八 起乙未	二	十七
康帝 岳	建元二 起癸卯	一	二
穆帝 聃	永和十二 起乙巳 升平五 起丁巳	二	十七
哀帝 丕	隆和一 壬戌 興寧三 起癸亥	二	四

帝別	建元別及年數	改元次數	在位年數
海西公 奕	太和五 起丙寅	一	五
簡文帝 昱	咸安二 起辛未	一	二
孝武帝 昌明	寧康三 起癸酉 太元二十一 起丙子	二	二十四
安帝 德宗	隆安五 起丁酉 元興元 壬寅改 隆安 壬寅三月復稱六年 大亨 壬寅又改 元興二至三 癸卯復稱二年 義熙十四 起乙巳	六	二十二
恭帝 德文	元熙一 己未	一	一

【附註】按元興元年壬寅三月，仍改稱隆安六年，旋又改元大亨，次年仍稱元興二年，乙巳改元義熙，是大亨年號未行。而爨寶子碑稱大亨四年乙巳，蓋路遠莫審耳。

兩晉間諸僭國考

起晉惠帝太安二年，終宋文帝元嘉十六年，凡一百三十七年，始併爲南北朝。

晉自賈氏煽亂，八王搆兵，（八王：汝南王亮，楚王瑋，趙王倫，齊王冏，長沙王乂，成都王穎，河間王顒，東海王越也。）羣胡乘之而起。於斯時也：劉淵、匈奴也，而據離石稱漢，傳至孫粲，爲靳準所弒。淵族子曜據長安，改漢曰趙，是爲前趙，傳至子熙，爲石虎所滅。石勒、羯也，據襄國稱後趙，傳至從孫祇，爲其將劉顯所弒。冉閔、石虎義子，於晉永和六年，弒主石鑒而自立，改後趙曰魏；八年兵敗，爲慕容恪所殺。李雄、氐也，據蜀稱成，傳至子期，爲其臣李壽所弒。李壽、雄族，篡成後，改國號曰漢，一稱後蜀，傳至子勢，爲桓溫所滅。慕容廆、鮮卑也，據遼東自號大單于，後徙都鄴，稱燕，是爲前燕，傳四主，爲前秦所滅。慕容垂，據中山爲後燕，傳五主，爲馮跋所滅。慕容永，據長子爲西燕，改元中興，在位九年，爲後燕所滅。慕容德，據滑臺爲南燕，傳二主，爲東晉所滅。馮跋據和龍，亦曰龍城，爲北燕，傳二主，爲北魏所滅。苻健、氐也，據長安稱秦，從子苻堅弒主生而自立，太元八年，敗於東晉，旋爲姚萇所弒。太子丕，稱帝於晉陽，爲西燕所破，子登嗣立，爲後秦所滅。姚萇、羌也，據長安，亦稱秦，史謂之後秦，傳三主，爲劉裕所滅。乞伏國仁、鮮卑也，據苑川，亦稱秦，史謂之西秦，傳四主，爲赫連夏所滅。張軌據河西，稱涼，是爲前涼，傳八主，爲苻秦所滅。呂光，氐也，據姑臧，亦稱涼，史謂之後涼，傳三主，降於後秦。禿髮烏孤、鮮卑也，據廉川爲南涼，傳三主，爲西秦所滅。李暠據敦煌爲西涼，傳三主，爲北涼所滅。沮渠蒙遜、匈奴也，據張掖爲北涼，傳二主，爲北魏所滅。赫連勃勃、匈奴也，據統萬，稱夏，傳二主，爲吐谷渾所滅。譙縱亦據蜀，稱成都王，爲劉裕所遣將朱齡石所滅。楊茂搜、天水氐也，據仇池，亦稱秦，楊氏世據此地，屢失屢得，至紹先嗣立，始爲北魏所滅。

按史所謂十六國者，據晉箸作郎王隱云：五涼、四燕、三秦、二趙、一蜀、一夏也。附劉淵於前趙，附冉閔於後趙，附西燕於後燕，附李壽於成，附譙縱於李蜀，故不曰二十一國，而曰十六國。又仇池楊氏，嘗臣附於南北間，故不予國，此外代什翼犍亦不在十六國內。如以實計，除桓玄篡立旋滅不計外，實共有二十三國。所稱十六國，大都以意爲進退，殊不足據也。此與五代間之十國同一約略之談，以實核之，彼亦不祇十國也。

兩晉間諸僭國以有年號者爲限，凡二十一國。

漢 劉淵，都離石，始稱大單于，繼稱漢王，還左國城。越四年，徙蒲子稱帝，復徙都平陽，傳三主，起晉惠帝永興元年甲子，終東晉元帝太興元年戊寅。

主別	建元別及年數	改元次數	在位年數
漢主 劉淵	元熙四 起甲子 永鳳一 戊辰 河瑞一 己巳	三	六
漢主 聰	光興一 庚午 嘉平四 起辛未 建元一 乙亥 麟嘉三 起丙子	四	九
漢主 粲	漢昌 戊寅	一	

前趙 劉曜，淵族子，於東晉元帝太興元年，自立於赤壁，二年改號趙，徙都長安，成帝咸和三年，自將擊石勒，大敗見殺。四年，子熙復爲石虎所殺。

主稱	建元別及年數	改元次數	在位年數
趙主 劉曜	光初十一 起戊寅 佐初別見	二	十一

後趙

石勒，上黨郡羯，都襄國，稱趙王，旋稱天王及帝，從子虎弒主弘，遷鄴，傳子世，爲兄遵所篡，石鑒弒遵自立，旋爲石閔所弒，滅石氏。石祇復稱帝於襄國，爲其將劉顯所弒。起東晉元帝太興二年己卯，終穆帝永和七年辛亥。○按尚有顯原一號，不知何時。

主別	建元別及年數	改元次數	在位年數
後趙主 石勒	元至九 起己卯 太和二 起戊子 建平四 起庚寅	二	十五

主別	建元別及年數	改元次數	在位年數
後趙主 弘	延熙一 甲午	一	一
後趙主 虎	建武十四 起乙未 太寧一 己酉	二	十五

主稱	建元別及年數	改元次數	在位年數
後趙主 鑒	靑龍 庚戌僅二月爲冉閔所弒	一	
後趙主 祗	永寧二 起庚戌	一	二

冉魏

冉閔弒主石鑒而自立，僭稱帝，國號魏，都鄴，爲慕容恪所滅。起東晉穆帝永和六年，終永和八年。

主稱	建元別及年數	改元次數	在位年數
魏主 冉閔	永興三 起庚戌	一	三

成

李特，於晉惠帝永寧元年據廣漢，進攻成都，據之。太安二年春，爲羅尚所破斬。其子雄復陷成都，自稱成都王，改元建興，光熙元年稱帝，國號成，改元晏平，傳至子期爲李壽所弒。

主別	建元別及年數	改元次數	在位年數

主別	建元別及年數	改元次數	在位年數

主別	建元別及年數	改元次數	在位年數
成主 李特	建初一 起癸亥春	一	一
成主 雄	建興二 起甲子 晏平五 起丙寅 玉衡二十四 起辛未	三	三十一
成主 期	玉恆三 起乙未	一	三

漢

李壽，於東晉成帝咸康四年弒成主期而自立，改國號曰漢，亦稱後蜀，都成都，傳二主，至穆帝永和三年，爲桓溫所滅。

主別	建元別及年數	改元次數	在位年數
漢主 李壽	漢興六 起戊戌	一	六
漢主 勢	太和二 起甲辰 嘉寧二 起丙午	二	四

前涼

張軌，於晉惠帝永寧元年爲涼州刺史，愍帝建興二年授涼州牧，是年卒，共歷十四年。子寔代，傳八主，爲前秦所滅，都姑臧，今甘肅武威縣。起晉惠帝永寧元年辛酉，終東晉孝武帝太元元年丙子。

主別	建元別及年數	改元次數	在位年數
涼主 張寔	元至三 起甲戌 建興五至七 起丁丑奉晉年號	一	六
涼主 茂	永元四 起庚辰	一	四
涼主 駿	太元二十二 起甲申	一	二十二
涼主 重華	永樂八 起丙午	一	八
涼主 祚	和平二 起甲寅二年即太始建興元年	一	一
涼主 玄靚	太始 乙卯閏九月改 建興四十三至四十九 乙卯復稱 升平五至六 起辛酉奉晉穆帝年號凡二年	三	九
涼主 天錫	太淸十四 起癸亥十四年降前秦	一	十四

後涼

呂光，氐也，都姑臧，今甘肅武威縣。傳三主，降於後秦。起東晉孝武帝太元十一年，終安帝元興二年。

主別	建元別及年數	改元次數	在位年數

主別	建元別及年數	改元次數	在位年數

主別	建元別及年數	改元次數	在位年數
後涼主 呂光	大安三 起丙戌 麟嘉七 起己丑 龍飛三 起丙申 承康 見述異記不知何時	四	十三
後涼主 纂	咸寧二 起己亥	一	二
後涼主 隆	神鼎三 起辛丑	一	三

南涼 禿髮烏孤，於東晉安帝隆安元年據廉川，徙樂都，今青海西寧縣，後徙西平郡湟水上，最後復徙樂都，傳三主，為西秦所滅。起東晉安帝隆安元年，終義熙十年。

主別	建元別及年數	改元次數	在位年數
南涼主 禿髮烏孤	太初三 起丁酉	一	三
南涼主 利鹿孤	建和二 起庚子	一	二
南涼主 傉檀	弘昌二 起壬寅 三至六年去年號者四年 起甲辰 嘉平七 起戊申	二	十三

北涼 段業與沮渠蒙遜，先後都張掖，今甘肅張掖縣，均稱北涼，段業稱建康公，在

位四年，爲沮渠蒙遜所弒。起東晉安帝隆安元年，終隆安四年。

沮渠蒙遜弒業自立，傳子牧犍，爲北魏所滅。起東晉安帝隆安五年，終宋文帝元嘉十六年。

主別	建元別及年數	改元次數	在位年數
北涼主 段業	神璽二 起丁酉 天璽二 起己亥	二	四
北涼主 沮渠蒙遜	永安十一 起辛丑 玄始十五 起壬子	四	三十一

主別	建元別及年數	改元次數	在位年數
	承玄三 起戊辰 義和二 起辛未		
北涼主 牧犍	永和七一作承和 起癸酉	一	七

西涼

李暠，爲段氏敦煌太守，自稱涼公，都敦煌，今甘肅敦煌縣，傳三主，爲北涼沮渠蒙遜所滅，屠敦煌。起東晉安帝隆安四年，終宋武帝永初二年。

主別	建元別及年數	改元次數	在位年數

主別	建元別及年數	改元次數	在位年數

主別	建元別及年數	改元次數	在位年數
西涼主 李暠	庚子五（一說自庚子至甲各一建元） 起庚子 建初十二 起乙巳	二	十七
西涼主 歆	嘉興三 起丁巳	一	三
西涼主 恂	永建二 起庚申	一	二

前燕 自高祖慕容廆據遼東，自號大單于，至太祖皝十一年，均用晉年號。十二年以後，皝始稱王，改元燕元。初都遼西龍城，後徙薊，徙鄴，傳四主，為苻秦所滅。起晉懷帝永嘉元年，終東晉海西公奕太和五年。

主別	建元別及年數	改元次數	在位年數
燕主 慕容皝	元至十一（用晉年號） 起甲午 燕元四 起乙巳	一	十五
燕主 儁	燕元三 起己酉 元璽五 起壬子 光壽三 起丁巳	三	十一

主別	建元別及年數	改元次數	在位年數
燕主 暐	建熙十一 起庚申	一	十一

後燕 慕容垂，都中山，今河北定縣；慕容盛居龍城，傳八主，為北燕所滅。起東晉孝

武帝太元九年，終安帝義熙五年。

主別	建元別及年數	改元次數	在位年數
後燕主 慕容垂	燕元二 起甲申 建興十 起丙戌	二	十二
後燕主 寶（垂子）	永康二 起丙申	一	二
後燕主 詳（號曾孫）	建始 丁酉夏	一	
後燕主 麟（垂子）	建平 丁酉秋	一	
後燕主 蘭汗（寶臣）	靑龍 戊戌	一	
後燕主 盛（寶子）	建平一 戊戌 長樂二 起己亥	二	三
後燕主 熙（寶少子）	光始六 起辛丑 建始 丁未	二	六
後燕主 高雲（寶養子）	正始二 起丁未	一	二

西燕 慕容泓，於東晉孝武帝太元九年，起兵華陰，進逼長安，改元燕興，旋爲其下所殺。慕容沖嗣立，於太元十年稱帝，襲據長安，改元更始，太元十一年被弒。西燕去長安，東至河東。慕容永據長子稱帝，改元中興。慕容永之前，尚有段

隨慕容顗慕容瑤慕容忠四主，與慕容永同歲建元。蓋沖被弑後，迭相篡弑，直至忠被弑，永始稱帝於長子焉。○起東晉孝武帝太元九年，終太元十九年，共七主十一年，滅於後燕。

主別	建元別及年數	改元次數	在位年數
西燕主 慕容泓（暐弟）	燕興一 甲申	一	一
西燕主 沖（泓弟）	更始一 乙酉	一	一
西燕主 段隨（沖將）	昌平 丙戌	一	
西燕主 顗（暐弟）	建明 丙戌	一	
西燕主 瑤（沖子）	建平 丙戌	一	
西燕主 忠（泓子）	建武 丙戌	一	
西燕主 永（廆弟之孫）	中興九 起丙戌	一	九

南燕 慕容德初爲范陽王，因燕都之亂，用兄垂故事，稱燕王，是爲南燕。都廣固，今山東益都縣，傳二主，滅於東晉。起東晉安帝隆安二年，終義熙六年。

主別	建元別及年數	改元次數	在位年數
南燕主 慕容德(皝子)	燕平二 起戊戌 建平五 起庚子	二	七
南燕主 超(德弟)	太上六 起乙巳	一	六

北燕 馮跋，都和龍，今土默特旗界；傳二主，滅於北魏。起東晉安帝義熙五年，終宋文帝元嘉十三年。

主別	建元別及年數	改元次數	在位年數
北燕主 馮跋	太平二十二 起己酉	一	二十二
北燕主 弘	太興六 起辛未	一	六

前秦 苻健及生、堅，都長安，丕徙晉陽，登徙南安郡源道，崇居湟中，傳六主，為姚秦所滅。起東晉穆帝永和七年，終孝武帝太元十九年。

主別	建元別及年數	改元次數	在位年數
主別	建元別及年數	改元次數	在位年數

秦主苻健	皇始四　起辛亥	一	四
秦主生	壽光三　起乙卯三年即永興元年	一	二
秦主堅	永興二　起丁巳 甘露六　起己未 建元二十一　起乙丑二十一年即太安元年	三	二十八
秦主丕	太安二　起乙酉二年即太初元年	一	一
秦主登	太初八　起丙戌	一	八
秦主崇	延初一　甲午	一	一

後秦

姚萇，都長安，傳三主，爲劉裕所滅。起東晉孝武帝太元九年，終安帝義熙十三年。

主別	建元別及年數	改元次數	在位年數
後秦主姚萇	白雀二　起甲申 建初八　起丙戌	二	十
後秦主興	皇初五　起甲午（一說皇初後尚有皇始一號） 弘始十七（一作洪始）　起己亥	二	二十二
後秦主泓	永和二　起丙辰	一	二

西秦

乞伏國仁，居甘肅隴西縣；乾歸徙金城，復徙苑川，皆在今甘肅皋蘭縣；熾磐徙枹罕，今甘肅臨夏縣。傳四主，爲赫連夏所滅。起東晉孝武帝太元十年，終宋文帝元嘉八年。

主別	建元別及年數	改元次數	在位年數
西秦主 乞伏國仁	建義三 起乙酉	一	三
西秦主 乾歸	太初十三 十三年以後失國八年 起戊子；更始三 起己酉	二	十六
西秦主 熾磐	永康八 起壬子；建弘八 起庚申	二	十六
西秦主 暮末	永弘四 起戊辰	一	四

夏

赫連勃勃，都統萬城，在今陝西橫山縣西。傳三主，爲吐谷渾所滅；起東晉安帝義熙三年，終宋文帝元嘉八年。

主別	建元別及年數	改元次數	在位年數

主別	建元別及年數	改元次數	在位年數

夏主			
赫連勃勃	龍升六 一作龍昇 起丁未 鳳翔五 起癸丑 昌武一 戊午 眞興六 起己未	四	十八
夏主 昌	承光三 一作永光 起乙丑	一	三
夏主 定	勝光四 起戊辰	一	四

代

自拓跋祿官九年稱帝，時晉惠帝太安二年也，稱帝後五年而卒，是爲昭帝。中歷穆帝平文帝惠帝煬帝烈帝凡六主，均無年號。烈帝子什翼犍立，始改元建國，在位三十九年，爲其子實君所弒，國亂，地入秦。傳七主，起晉惠帝太安二年，終東晉孝武帝太元元年。

按代亡後，實君子珪奔賀訥。秦王車裂實君，將殺珪，賴燕鳳固請，得留，分代國爲二部，使劉衞辰劉庫仁分統之，珪歸獨孤部，依劉庫仁，於東晉孝武帝太元十一年，興復代室，是爲北魏太祖道武帝。

主別	建元別及年數	改元次數	在位年數
代主 什翼犍	建國三十九 起戊戌東晉成帝咸康四年也	一	三十九

十六國興亡表

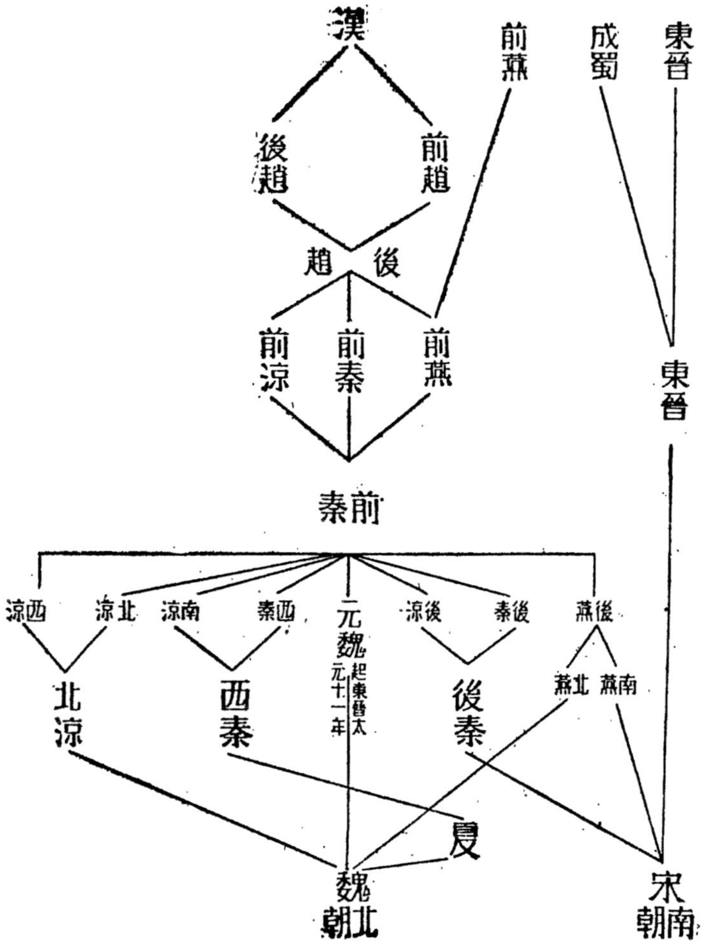
漢
前燕
成蜀
東晉
後趙
前趙
後趙
前涼
前秦
前燕
東晉
前秦
西涼
北涼
南涼
西秦
元魏
起東晉太元十一年
後涼
後秦
後燕
北燕
南燕
北涼
西秦
後秦
夏
魏
北朝
宋
南朝

南朝

宋

劉裕，於東晉恭帝元熙二年受晉禪，廢恭帝為零陵王，都建康，傳八主，共五十九年而篡於齊。

帝別	建元別及年數	改元次數	在位年數
武帝（劉裕）	永初三 庚申六月改	一	三
營陽王（義符）	景平二 起癸亥二年夏卽元嘉元年	一	一
文帝（義隆）	元嘉三十 甲子八月改	一	三十
孝武帝（駿）	孝建三 起甲午 大明八 起丁酉	二	十一
廢帝（子業）	永光 乙巳正月改 景和 十二月明帝卽位改泰始 乙巳八月改	二	
明帝（彧）	泰始七 乙巳十二月改 泰豫一 壬子	二	八
蒼梧王（昱）	元徽四 起癸丑	一	四
順帝（準）	昇明三 丁巳十月改三年卽齊高帝建元元年	一	二

齊

蕭道成受宋禪，都建康，傳七主，共二十三年而篡於梁。

帝別	建元別及年數	改元次數	在位年數
高帝 蕭道成	建元四 己未四月改	一	四
武帝 賾	永明十一 起癸亥	一	十一
鬱林王 昭業	隆昌 甲戌正月改	一	
海陵王 昭文	延興 甲戌七月改十月明帝篡位改建武	一	
明帝 鸞	建武四 甲戌十月改 永泰一 戊寅四月改	二	五
東昏侯 寶卷	永元三 起己卯三年即中興元年	一	二
和帝 寶融	中興二 辛巳三月改二年即梁天監元年	一	一

梁

蕭衍，齊同族，於中興二年篡齊，都建康，傳六主，五十五年，而篡於陳。

帝別	建元別及年數	改元次數	在位年數
武帝 蕭衍	天監十八 壬午四月改 普通七 起庚子	七	四十八
	大通二 丁未三月改 中大通六 己酉十月改		

	大同十一 起乙卯		
	中大同一 丙寅四月改		
	太淸三 丁卯四月改		
簡文帝 綱	大寶二 起庚午二年八月改天正	一	二
豫章王 棟	天正 辛未八月改十一月侯景篡位僞改元太始	一	因爲侯景所立故是年七月以後仍屬之簡文帝

元帝 繹	承聖三 壬申十二月改	一	三
貞陽侯 淵明	天成 乙亥五月改尋遜位於敬帝	一	
敬帝 方智	紹泰一 乙亥十月改 太平二 二年即陳永定元年 丙子九月改	二	二
附 永嘉王 蕭莊	天啓三 戊寅三月改庚辰二月奔北齊	一	三

【附註】敬帝太平二年，梁亡後，王琳自北齊迎莊立於郢州，改元天啓，時陳武帝永定元年也。莊在位三年，庚辰伐陳，兵敗奔北齊，是時陳已代梁，故不列入正統數內。

陳

陳霸先，於梁太平二年簒梁，傳五主，共三十二年，而滅於隋，仍都建康。合東吳東晉宋齊梁陳，是爲六朝。

帝別	建元別及年數	改元次數	在位年數
武帝（陳霸先）	永定三　丁丑十月改	一	三
文帝（蒨）	天嘉六　起庚辰 天康一　丙戌二月改	二	七
臨海王（伯宗）	光大二　起丁亥	一	二
宣帝（頊）	太建十四　起己丑　一作大建	一	十四
後主（叔寶）	至德四　起癸卯 禎明三　三年即隋開皇元年　起丁未	二	六

附**後梁**　蕭詧，都江陵，即今湖北省江陵縣傳三主共三十三年而滅於隋。起梁敬帝紹泰元年，終陳後主禎明元年。

主別	建元別及年數	改元次數	在位年數
宣帝（蕭詧）	大定七　起乙亥	一	七
明帝（蕭巋）	天保二十四　起壬午	一	二十四
莒公（琮）	廣運二　起丙午	一	二

北朝

北魏

拓跋珪，什翼犍之孫，於東晉孝武帝太元十一年，興復代室，改代曰魏，其先鮮卑索頭部也。初都盛樂，繼徙平城，至孝文帝，又徙都雒陽，傳十五主，一百四十九年，而分爲東西魏，起東晉孝武帝太元十一年，終梁武帝中大通六年。

帝別	建元別及年數	改元次數	在位年數
道武帝（拓跋珪）	登國十 起丙戌 皇始二 丙申七月改 天興六 戊戌十二月改 天賜五 甲辰十月改	四	二十三
明元帝（嗣）	永興五 己酉閏十月改 神瑞二 起甲寅 泰常八 丙辰四月改	三	十五
太武帝（燾）	始光四 起甲子 神䴥四 起戊辰 延和三 起壬申 太延五 起乙亥 太平眞君十一 起庚辰 正平一 辛卯	六	二十八
南安王（余）	承平 壬辰二月改	一	

文成帝	濬	興安二	壬辰十月改	四	十四
		興光一	甲午七月改		
		太安五	乙未六月改		
		和平六	起庚子		
獻文帝	弘	天安一	丙午	二	五
		皇興四	起丁未		
孝文帝	宏	延興五	辛亥八月改	三	二十九
		承明一	丙辰六月改		
		太和二十三	起丁巳		
宣武帝	恪	景明四	起庚辰	四	十六
		正始四	起甲申		
		永平四	戊子八月改		
		延昌四	壬辰四月改		
孝明帝	詡	熙平二	起丙申	四	十二
		神道二	戊戌二月改		
		正光五	庚子七月改		
		孝昌三	乙巳六月改		
臨洮王	釗	武泰	戊申二月改	一	
孝莊帝	子攸	建義	戊申三月改	三	二
		永安二	戊申九月改		
		更興（類聚有此號）			
東海王	曄	建明一	庚戌十月改	一	一
節閔帝	恭	普泰	辛亥二月改	一	
安定王	朗	中興一	辛亥十月改	一	一
孝武帝	修	太昌	壬子四月改	三	三
		永興	壬子十二月改		
		永熙三	壬子十二月又改		

西魏

元修於梁武帝中大通四年立；六年，高歡舉兵反，修奔長安，依宇文泰，是為西魏，傳三主，共二十二年而篡於北周。歡入洛，立清河世子善見，是為東魏。

按西魏文帝後尚有廢帝欽二年，恭帝廓三年，因未建元，故不列入表內。

帝號	建元別及年數	改元次數	在位年數
文帝 寶炬	大統十七 起乙卯	一	十七

東魏

元善見，清河世子，爲高歡所立，都鄴，起梁武帝中大通六年，終清泰三年，凡十七年而篡於北齊。

帝號	建元別及年數	改元次數	在位年數
孝靜帝 善見	天平四 起甲寅 元象一 戊午 興和四 己未十月改 武定八 起癸亥 八年即齊天保元年	四	十七

北齊 高洋篡東魏，都鄴，傳七主，共二十八年而滅於北周，起梁簡文帝大寶元年，終陳宣帝太建九年。

帝別	建元別及年數	改元次數	在位年數
文宣帝 高洋	天保十 庚午五月改	一	十
廢帝 殷	乾明元年即皇建 庚辰改	一	
孝昭帝 演	皇建一 庚辰八月改	一	一
武成帝 湛	太寧一 辛巳十一月改 河清三 壬午四月改	二	四
溫公 緯	天統五 乙酉四月改 武平六 起庚寅 隆化一 丙申十二月改	三	十二
安德王 延宗	德昌 丙申十二月改	一	
幼主 恒	承光一 丁酉正月改	一	一

北周 宇文覺，於梁敬帝太平二年篡西魏，都長安，傳五主，共二十五年而篡於隋。

孝愍帝宇文覺立一年，爲宇文護所弑，無年號，故不列入表內。

帝別	建元別及年數	改元次數	在位年數
明帝（宇文毓）	元至二 起丁丑 武成二 己卯八月改	一	四
武帝（邕）	保定五 起辛巳 天和六 起丙戌 建德七（建德七即宣政元） 壬辰三月改 宣政一（一本係之宣帝） 戊戌三月改	四	十八
宣帝（贇）	大成 己亥正月改二月傳位靜帝改大象	一	
靜帝（闡）	大象二 己亥二月改 大定一（即隋開皇元年） 辛丑	二	二

第二編　起隋終五代

隋

楊堅，於陳宣帝太建十三年篡北周，開皇九年滅陳，天下混一，都大興城，傳四主，共二十九年，而滅於唐。

帝別	建元別及年數	改元次數	在位年數
文帝 楊堅	開皇二十 辛丑二月改 仁壽四 起辛酉	二	二十四 在帝位十六年
煬帝 廣	大業十四 起乙丑十四年即唐武德元年	一	十三
代王 侑居西都	義寧二 丁丑十一月改元年即大業十三年二年即唐武德元年	一	
越王 侗居東都	皇泰二 戊寅五月改元年即唐武德元年	一	

【附註】按義寧元年，煬帝尚在。二年，唐已得隋正統。皇泰元年，唐已代隋，故義寧皇泰，僅列建元年數，而不算入正統數內。

隋末諸僭竊考

起隋大業十一年，終唐貞觀二年。

隋文帝篡周幷陳，天下爲一；煬帝繼之，恃其盛強，用民無度；禍始於高麗，亂成於玄感。（楊玄感起兵黎陽）於是羣雄競起，割土分疆：

稱吳者二：李子通於大業十一年起兵海陵，十四年據江都，稱皇帝，國號吳，改元明政。後敗沈法興於吳郡，徙都餘杭；北自太湖，南至嶺東，包會稽，西距宣城，皆有之。唐武德四年十一月，爲杜伏威所執，僭立凡四年。杜伏威於大業十三年據淮南江東地，武德二年降唐，受唐封爲吳王，無年號。

稱魏者一 李密於大業十三年據河南諸郡稱魏國公，改元永平，築洛口城居之。唐武德元年降唐，旋叛誅，僭立凡二年。

稱夏者一 竇建德於大業十三年正月，據樂壽，自稱長樂王，建元丁丑，唐武德元年戊寅，改國號曰夏，改元五鳳。武德四年五月，領兵救鄭，爲唐所擒，前後僭立凡五年。

稱楚者二 林士宏，於大業十二年正月據鄱陽稱皇帝，國號楚，改元太平。北自九江，南至番禺，皆爲所有。唐武德五年十月卒，衆散，僭立凡七年。朱粲，於大業十四年陷荆沔及山南郡縣，稱楚帝於冠軍，是年十月，改元昌達。唐武德二年二月降唐，僭立凡二年。

稱梁者三　梁師都，於大業十三年據朔方稱帝，國號梁，改元永隆。唐貞觀二年正月亡，地入唐，僭立十二年。

蕭銑，於大業十三年自羅川入巴陵稱梁王，未幾稱帝，徙都江陵，是年十月改元鳴鳳。東自九江，西抵三峽，南盡交阯，北距漢川，皆爲所有。唐武德四年十月亡，僭立凡五年。

沈法興，於大業十四年起兵吳興，據江表十餘郡，稱梁王，都毗陵。是年八月，改元延康，唐武德三年十二月，爲李子通所襲，走死，僭立凡三年。

稱秦者一　薛舉，於大業十三年起兵金城，盡據隴西地，稱秦帝。是年四月，改元秦興，下天水，遂定都焉。僭立二年，大業十四年八月卒，子仁杲立，十一月戰敗，降唐。

稱定揚者一　劉武周，於大業十三年引突厥破隋兵，陷樓煩定襄鴈門諸郡，稱定揚可汗，都馬邑，改元天興。唐武德三年四月，爲宋金剛所敗，走死，地入唐，僭立凡四年。

稱魯者一　徐圓朗，於大業十三年起兵魯郡，初據東平，受唐封爲魯國公。後叛，保任城，自稱魯王，無年號，唐武德六年亡。

稱永樂者一　李子和，於大業十三年據榆林，稱永樂王，改元正平，武德元年亡，僭立凡二年。

稱涼者一　李軌，於大業十四年起兵河西，稱大涼王，襲取張掖敦煌及西平枹罕諸郡，盡有河西地，未幾稱帝。是年十一月，改元安樂，唐武德二年五月，破於唐，僭立凡二年。

稱許者一　宇文化及，於大業十四年弒煬帝，據魏縣稱帝，國號許。是年九月，改元天壽，有濟北數城。唐武德二年二月，爲竇建德所誅，僭立凡六月。

稱鄭者一　王世充，於越王侗皇泰二年夏篡隋，稱皇帝，國號鄭，改元開明。北據河，東至徐兗，南有襄鄧，西保慈澗，置司鄭管原伊殷梁湊嵩谷懷德等十二州。僭立三年，唐武德四年五月，戰敗降唐。

稱漢東王者一　劉黑闥，於唐武德五年正月據洺州，稱漢東王，改元天造，僭立二年，武德六年正月，爲唐所斬。

稱燕者一　高開道，於唐武德五年據漁陽，稱燕王，改元始興，僭立三年，武德七年敗死，地入唐。

稱宋者一　輔公祏，於唐武德六年八月，以丹陽叛。唐稱皇帝，國號宋，改元天明，又改乾德，分兵略東海壽陽諸郡，僭立二年。武德七年敗死，地入唐。

隋末諸僭竊建元表 以有年號者為限凡十七國

國別	姓氏別	建元別及年數	改元次數	僭立年數
吳	李子通	明政四 起乙亥	一	四
楚	林士宏	太平七 起丙子	一	七
楚	朱粲	昌達二 起戊寅	一	二以改元計僅五月
魏	李密	永平二 起丁丑	一	二
夏	竇建德	丁丑一 丁丑 五鳳四 起戊寅	二	五
梁	梁師都	永隆十二 起丁丑	一	十二

國別	姓氏別	建元別及年數	改元次數	僭立年數
梁	蕭銑	鳴鳳五 起丁丑	一	五
梁	沈法興	延康三 起戊寅	一	三
秦	薛舉	秦興二 起丁丑	一	二
定揚	劉武周	天興四 起丁丑	一	四
涼	李軌	安樂二 起戊寅	一	二
許	宇文化及	天壽二 起戊寅	一	二 實計六月

鄭	王世充	開明三	起己卯	一	三
漢東	劉黑闥	天造二	起壬午	一	二
永樂	李子和	正平二	起丁丑	一	二
燕	高開道	始興三	起壬午	一	三
宋	輔公祏	天明二 乾德	起癸未	二	二

唐

李淵，於隋煬帝大業十三年，起兵太原，取西河，繼取長安，立代王侑爲帝，改元義寧。十四年自稱皇帝，國號唐，改元武德，廢帝爲酅國公。武德七年，天下混一，傳二十一主一后，凡二百八十九年，爲朱全忠所篡。

帝別	建元別及年數	改元次數	在位年數
高祖 李淵	武德九 戊寅五月改	一	九
太宗 世民	貞觀二十三 起丁亥	一	二十三

高宗 治	永徽六	起庚戌	十四	三十四
	顯慶五	起丙辰		
	龍朔三	辛酉二月晦改		
	麟德二	起甲子		
	乾封二	起丙寅		
	總章二	戊辰三月改		
	咸亨四	庚午三月改		
	上元二	甲戌八月改		
	儀鳳三	丙子十一月改		
	調露一	己卯六月改		
	永隆一	庚辰八月改		
	開耀一	辛巳十月改		
	永淳一	壬午二月改		
	弘道一	癸未十二月改		
中宗 顯	嗣聖	甲申正月改	一	

睿宗 旦	文明	甲申二月改	一	
則天后 武氏	光宅一	甲申九月改	十八	二十一
	垂拱四	起乙酉		
	永昌	己丑		
	載初一	己丑十一月改用周正建子		
	天授二	庚寅九月改		
	如意	壬辰四月改		
	長壽二	壬辰九月改		
	延載一	甲午五月改		
	證聖	乙未		
	天冊萬歲一	乙未九月改		
	萬歲登封	丙申九月改		
	萬歲通天一	丙申臘月改		
	神功一	丁酉九月改		
	聖曆二	起戊戌		
	久視一 十月復用夏正	庚子五月改		

		大足	辛丑		
		長安四	辛丑十月改		
		神龍	乙巳		
中宗	顯	神龍二	起乙巳	二	五
		景龍三	丁未八月改		
殤帝	重茂	唐隆	庚戌六月改旋遜位於睿宗	一	
睿宗	旦	景雲二	庚戌七月改	三	二
		太極	壬子正月改		
		延和是年八月傳位玄宗	壬子五月改		
玄宗	隆基	先天一	壬子八月改	三	四十四
		開元二十九	癸丑十一月改		
		天寶十四	起壬午		
肅宗	亨	至德二	丙申七月改	四	七
		乾元二	戊戌二月改		
		上元二	庚子閏四月改		
		寶應一	壬寅四月改		

代宗	豫	廣德二	起癸卯	三	十七
		永泰一	乙巳		
		大曆十四	丙午十一月改		
德宗	适	建中四	起庚申	三	二十五
		興元一	甲子		
		貞元二十	起乙丑		
順宗	誦	永貞一	乙酉八月改	一	一
憲宗	純	元和十五	起丙戌	一	十五
穆宗	恆	長慶四	起辛丑	一	四
敬宗	湛	寶曆二	起乙巳	一	二
文宗	昂	大和九	丁未二月改	二	十四
		開成五	起丙辰		

帝別	建元別及年數	改元次數	在位年數
武宗 炎	會昌六 起辛酉	一	六
宣宗 忱	大中十三 起丁卯	一	十三
懿宗 漼	咸通十四 庚辰十一月改	一	十四
僖宗 儇	乾符六 甲午十一月改 廣明一 庚子 中和四 辛丑七月改 光啓三 乙巳三月改 文德一 戊申二月改	五	十五
昭宗 曄	龍紀一 己酉 大順二 起庚戌 景福二 起壬子 乾寧四 起甲寅 光化三 戊午八月改 天復三 辛酉四月改 天祐元 甲子四月改	七	十六
昭宣帝 柷	天祐二至四 乙丑仍稱天祐二年四年即梁開平元	一	二

五代

梁

朱溫，於唐天祐四年篡唐，改名晃，初都開封，繼遷洛陽，傳二主，共十六年，而滅於後唐。

帝別	建元別及年數	改元次數	在位年數

帝別	建元別及年數	改元次數	在位年數

太祖 朱晃	開平四 丁卯四月改 乾化二 辛未五月改	二	六
庶人友珪	鳳曆 癸酉改旋爲末帝友貞所誅	一	
末帝 瑱	乾化三至四 癸酉二月復稱 貞明六 乙亥十一月改 龍德三 三年卽唐同光元年辛巳五月改	三	十

唐

太祖李克用，受唐封爲晉王，在位二年，用昭宗天祐年號。至子存勗，於梁龍德三年十月滅梁，都洛陽，改國號曰唐。初用天祐年號，滅梁之年始改元同光，共三姓、四主、十三年，而滅於晉。

帝別	建元別及年數	改元次數	在位年數
莊宗 李存勗	天祐六至十九 起己巳仍用唐年號 同光三 癸未四月改	二	十七 在帝位三年
明宗 亶原名嗣源	天成四 丙戌四月改 長興四 庚寅二月改	二	八

帝別	建元別及年數	改元次數	在位年數
閔帝 從厚	應順 甲午	一	
潞王 從珂	清泰三 甲午四月改三年卽晉天福元	一	二

晉

石敬瑭，於唐清泰三年，以契丹兵滅唐，國號晉，改元天福，都汴州，共二主十一年而滅於契丹。

帝別	建元別及年數	改元次數	在位年數
高祖（石敬瑭）	天福七　丙申十一月改	一	七
齊王（重貴）	天福第八仍稱天福八年癸卯　開運三　甲辰七月改	二	四

漢

劉智遠因晉亂，於天福十二年卽帝位於晉陽，後都汴，傳二主，共四年而篡於周。○按天福並無十二年，係除去開運計算。

帝別	建元別及年數	改元次數	在位年數
高祖（劉暠原名智遠）	天福第十二年仍稱天福　丁未二月　乾祐　是年二月殂　子承祐立　戊申正月改	二	一
隱帝（承祐）	乾祐三　戊申二月仍用乾祐年號	一	三

周

郭威，於漢乾祐三年弒主自立，明年改元廣順，國號周，在位四年殂。養子柴榮嗣立，傳子恭帝宗訓而禪於宋，仍都汴，凡三主，二姓，共九年。恭帝無年號。

帝別	建元別及年數	改元次數	在位年數
太祖 郭威	廣順三 起辛亥 顯德 正月帝殂晉王榮即位 甲寅	二	三
世宗 柴榮	顯德六 甲寅正月即位仍用顯德年號	一	六

五代間諸僭國考

起唐昭宗乾寧二年，終宋太平興國四年，凡十三國。

岐　李茂貞，於唐僖宗光啓三年爲鳳翔節度使，昭宗景福二年，兼山南西道節度使，有鳳翔興元洋隴等十五州之地，天復元年，進爵岐王。後唐同光二年，改封秦王，傳子繼曮，爲後唐所滅。奉中國正朔，未建元。

晉　李克用，李國昌子，於唐僖宗中和二年，爲雁門節度使。昭宗乾寧二年，封晉王，都晉陽，奉唐年號。後梁開平二年卒，子存勗立，於後梁龍德三年滅梁，國號唐，改元同光，已見後唐考中。

吳　楊行密於唐昭宗景福元年，爲淮南節度使，保有江淮一帶，有州二十七，居揚州。天復二年封吳王，天祐二年卒，子渥代，均奉唐年號，稱淮南。至孫隆演立，始稱吳，仍用唐天祐年號。後梁貞明五年，始改元武義，傳子溥，爲徐知誥所篡。

燕　劉仁恭，於唐昭宗乾寧二年爲盧龍節度使，有幽滄等十六州地。天祐四年，爲其子守光所囚，代爲節度使。後梁開平三年，封守光爲燕王。翌年稱皇帝，改元應天。乾化三年，爲晉所滅。

南漢　劉隱，於唐乾寧三年襲據廣州，弟巖繼之。於後梁貞明三年稱帝，國號漢，改元乾亨。有州四十七，傳四主，爲宋所滅。

閩　王潮，於唐昭宗乾寧三年爲威武節度使，翌年卒，弟審知代。後梁開平三年，受梁封爲閩王，都福州。傳至主曦，爲其臣朱文進所弒，滅王氏；曦弟建州刺史富沙王延政，於後晉天福八年稱帝，國號殷，旋改閩。開運二年爲南唐所滅，凡六主，三十有七年。審知延翰均無年號，餘詳分考中。

附留從效　閩將留從效，閩亡後於後晉開運三年，據有泉漳二州。

楚　馬殷，於後梁開平元年，受梁封爲楚王。後唐天成二年，改封楚國王，自湖南北有州十，傳五主，降於南唐，無年號。楚亡後，劉言王逵周行逢等，迭據朗州，掠取嶺北諸州，與南漢相持，爲宋所滅。

荊南　高季興，於後梁開平元年，爲荊南節度使，乾化三年，封渤海王，後唐同光二年，改封南平王。有荊歸峽三州，傳五主，至宋乾德元年亡，奉中國正朔，未建元。

前蜀　王建，於唐天復三年封蜀王，據有兩川。後梁開平元年稱皇帝，國號蜀，都成都，有州六十四。傳二主，爲後唐所滅。

吳越　錢鏐，於唐昭宗景福二年，爲鎮海節度使，後梁開平元年，受梁封爲吳越王。龍德三年，改封吳越國王，都杭州。自浙東西有州十三，傳五主，至宏俶，於宋太平興國三年入朝，獻土而亡。

後蜀　孟知祥，於後唐同光三年帥蜀，長興四年封蜀王，應順元年稱帝。自劍以南及山南西道，有州四十六。傳二主，宋乾德三年亡。

南唐　徐知誥，爲徐溫義子，於後晉天福二年，受吳禪稱皇帝，國號唐，都金陵。自江以南有州二十一，傳三主，宋開寶八年亡。

北漢　劉崇，知遠弟，於後周廣順元年郭威簒漢後，由河東節度使稱帝於晉陽。有州十二，傳四主，宋太平興國四年亡。

五代間諸僭國建元表 以有年號者爲限，凡九國

吳

楊行密據江淮一帶，受唐封爲吳王，子渥繼之，均稱淮南，奉唐年號。至惠宗隆演立，始稱吳，仍用唐天祐年號，至十五年止，後梁貞明五年，始改元武義，傳子溥，爲徐知誥所篡。起唐天復二年，終後晉天福二年。

主別	建元別及年數	改元次數	在位年數
吳主 [illegible]隆演	天祐七至十五 起庚午 武義二(一作頎義)起己卯	二	十一
吳主 溥	順義六 起辛巳 乾貞二 起丁亥 大和六 起己卯 天祚二 起乙未	四	十六

閩

王潮據福州，弟審知繼之，均無年號。子延翰立，稱大閩國王，旋爲王延稟所弒。惠宗延鈞立，始建年號。起後梁開平三年，終後晉開運二年，合延政計之，

共五主。○王湖與審知未立國號，故不列入國主數內，延翰未建元。

主別	建元別及年數	改元次數	在位年數
閩主 王延鈞	龍啓二 起癸巳；永和一 乙未	二	三
閩主 昶	通文三 起丙申	一	三
閩主 曦	永隆四 起己亥	一	四
閩主 延政	天德三 癸卯改	一	三

吳越

錢鏐於唐昭宗景福二年，爲鎭海節度使，後梁開平元年，受梁封，爲吳越王，都杭州，傳五主，七十三年而亡。起後梁開平元年，終宋太平興國三年。○二主元瓘，三主弘佐，四主弘倧，五主弘俶，均奉中國年號，故不列入表內。○錢鏐改元年限，係據十國春秋。

主稱	建元別及年數	改元次數	在位年數

主別	建元別及年數	改元次數	在位年數
吳越主 錢鏐	開平元 用梁年號 丁卯 天寶十六 起戊辰 寶大二 起甲甲 寶正六 一作寶貞 起丙戌 長興第三 用後唐年號 壬辰 廣初 見玉海 正明	七	二十六

前蜀

王建於後梁開平元年稱帝於蜀，二年改元武成，都成都，傳子衍，於後唐同光三年降唐。

主別	建元別及年數	改元次數	在位年數
蜀主 王建	元年 丁卯 武成三 起戊辰 永平五 起辛未 通正一 丙子	五	十二

主別	建元別及年數	改元次數	在位年數
	天漢一 丁丑 光天一(一作光大)戊寅		
蜀主 衍	乾德六 起己卯 咸康一 乙酉	二	七

燕

劉守光，劉仁恭子，後梁開平三年，受梁封爲燕王。乾化元年八月稱帝，三年十一月被晉所執。

主稱	建元別及年數	改元次數	在位年數
燕主 劉守光	元至二 起己酉 應天三 起辛未	一	五 合未改元之年數計之

南漢

自劉隱據廣州，弟巖繼之，於後梁貞明三年稱帝，國號越，旋改漢，改元乾亨，後晉天福六年，改名龑，傳四主，起後梁貞明三年，終宋開寶四年。

主別	建元別及年數	改元次數	在位年數
南漢主 劉龑	乾亨八 起丁丑 白龍三 起乙酉 大有十四 起戊子	三	二十五
南漢主 玢	光天一 壬寅	一	一
南漢主 晟	應乾 癸卯 乾和十五 癸卯又改	二	十五

主別	建元別及年數	改元次數	在位年數
南漢主 劉鋹	大寶十三　起戊午	一	十三

後蜀

孟知祥，於後唐應順元年稱帝改元，國號後蜀，傳二主，滅於宋。起後唐長興四年，終宋乾德三年。

主別	建元別及年數	改元次數	在位年數
後蜀主 孟知祥	元年　庚寅 明德一　甲午	一	二

主別	建元別及年數	改元次數	在位年數
後蜀主 昶	明德二至四　起乙未仍稱明德 廣政二十八　起戊戌	二	三十一

南唐

徐知誥，於後晉天福二年篡吳，國號唐，都金陵；四年復姓李氏，更名昪，傳三主，至宋開寶八年亡。後主煜十年，貶國號曰江南，又四年，降於宋，無年號，故不列入表內。

主別	建元別及年數	改元次數	在位年數

主別	建元別及年數	改元次數	在位年數

主別	建元別及年數	改元次數	在位年數
南唐主 李昪	昇元六　起丁酉	一	六
南唐主 璟	保大十五　起癸卯 中興　戊午正月改 交泰四　戊午三月改	三	十九

北漢

劉旻，原名崇，後漢河東節度使。漢亡後，於後周廣順元年卽帝位於晉陽，仍用後漢乾祐年號，有幷汾等十二州之地。傳四主，爲宋所滅。起後周廣順元年，終宋太平興國四年。繼恩在位不久被弒，無年號，故不列入表內。

主別	建元別及年數	改元次數	在位年數
北漢主 劉旻	乾祐四至七　起辛亥仍用隱帝年號	一	四
北漢主 鈞	乾祐八至九　起乙卯仍稱乾祐 天會十二　起丁巳	二	十四

主別	建元別及年數	改元次數	在位年數
北漢主 繼元	天會十三至十七　起己巳仍稱天會 廣運六　起甲戌	二	十一

五代十國興亡表

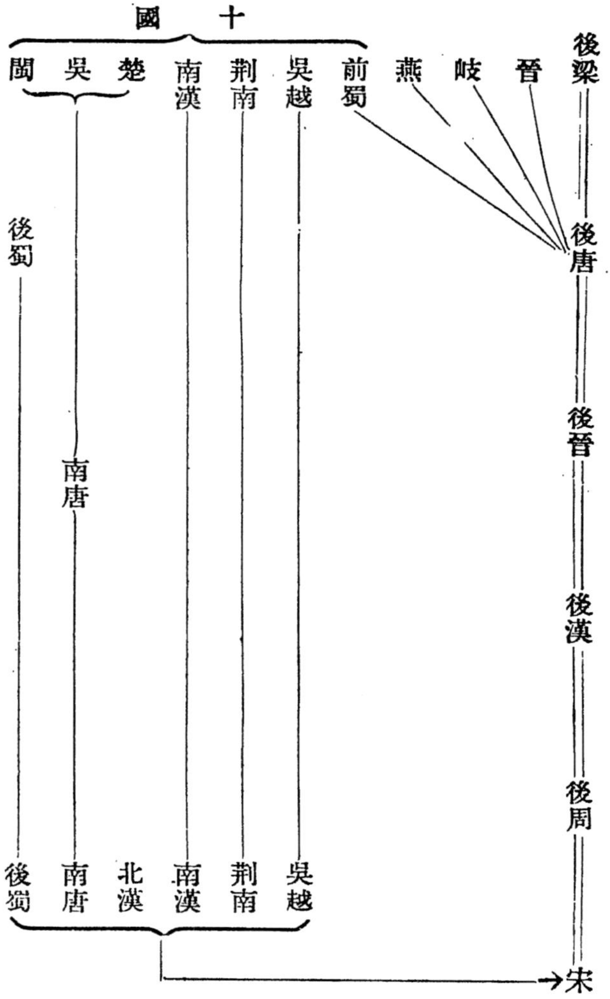

第三編　起北宋終清

北宋

太祖趙匡胤，於後周恭帝元年庚申稱帝，國號宋，改元建隆，廢恭帝為鄭王，都汴梁。

自太祖至欽宗，凡九主，共一百六十七年而滅於金。

帝別	建元別及年數	改元次數	在位年數
太祖（趙匡胤）	建隆三　起庚申 乾德五　癸亥十一月改 開寶九（九年即太平興國元年）　戊辰十一月改	三	十六
太宗（光義）	太平興國八　丙子十二月改 雍熙四　甲申十一月改 端拱二　起戊子 淳化五　起庚寅 至道三　起乙未	五	二十二
真宗（恆）	咸平六　起戊戌 景德四　起甲辰 大中祥符九　起戊申 天禧五　起丁巳 乾興一　壬戌	五	二十五
仁宗（禎）	天聖九　起癸亥 明道二　壬申十一月改 景祐四　起甲戌	九	四十一

		寶元二	起戊寅		
		康定一	庚辰		
		慶曆八	辛巳十一月改		
		皇祐五	起己丑		
		至和二	甲午三月改		
		嘉祐八	丙申九月改		
英宗	曙	治平四	起甲辰	一	四
神宗	頊	熙寧十	起戊申	二	十八
		元豐八	起戊午		
哲宗	煦	元祐八	起丙寅	三	十五
		紹聖四	甲戌九月改		
		元符三	戊寅六月改		
徽宗	佶	建中靖國一	辛巳	六	二十五
		崇寧五	起壬午		
		大觀四	起丁亥		
		政和七	起辛卯		
		重和一	戊戌十一月改		
		宣和七	己亥二月改		
欽宗	桓	靖康二	丙午改二年即高宗建炎元年	一	一

南宋

康王構，於靖康二年五月，即帝位於南京，改元建炎，都臨安。自高宗至帝昺，凡九主，共一百五十二年而滅於元。○合北宋共一十八主，三百一十九年。

帝別	建元別及年數	改元次數	在位年數
高宗（趙構）	建炎四　丁未四月改 紹興三十二　起辛未	二	三十六
孝宗（眘）	隆興二　起癸未 乾道九　起乙酉 淳熙十六　起甲午	三	二十七
光宗（惇）	紹熙五　起庚戌	一	五
寧宗（擴）	慶元六　起乙卯 嘉泰四　起辛酉 開禧三　起乙丑 嘉定十七　起戊辰	四	三十
理宗（昀）	寶慶三　起乙酉 紹定六　起戊子 端平三　起甲午 嘉熙四　起丁酉 淳祐十二　起辛丑 寶祐六　起癸丑 開慶一　已未 景定五　起庚申	八	四十
度宗（禥）	咸淳十　起乙丑	一	十
恭帝（㬎）	德祐二　起乙亥二年五月即景炎元年	一	一
端宗（昰）	景炎三　丙子五月改三年即祥興元年	一	二
帝昺	祥興二　戊寅五月改二年即元至元十六年	一	一

附 遼

耶律氏，先號契丹，都臨潢，起梁太祖開平元年，終宋徽宗宣和七年，傳九主，共二百一十九年，滅於金。

會同元年，改國號曰遼；統和元年，復國號曰大契丹；咸雍元年，再復國號曰遼。○按遼尙有天定一號，未審何帝，見遼內興寺石幢記；寺在河北永淸縣。

帝別	建元別及年數	改元次數	在位年數
太祖（阿保機）	元至九 起丁卯 神册六 丙子十二月改 天贊三 起壬午 天顯二 起乙酉	三	二十
太宗（德光）	天顯三至十二 起丁亥 會同九 起丁酉 大同一 會同十年改 丙午 會同十一 即天祿元 丁未仍稱會同十一	四	二十

帝別	建元別及年數	改元次數	在位年數
世宗（兀欲）	天祿四 起丁未	一	四
穆宗（述律）	應曆十七 起辛亥	一	十七
景宗（賢）	保寧十 起戊辰 乾亨五 起戊寅	二	十五
聖宗（隆緒）	統和二十九 起癸未 開泰八 起壬子	三	四十八

主別	建元別及年數	改元次數	在位年數
	太平十一 起庚申		
興宗 宗眞	景福一 辛未 重熙二十三 起壬申	二	二十四
道宗 洪基	淸寧十一 起乙未 咸雍八 起丙午	五	四十六
	太康九 起甲寅 大安九 起癸亥 壽昌九（史作壽隆一作盛昌） 起壬申		
天祚帝 延禧	乾統九 起辛巳 天慶九 起庚寅 保大七 起己亥	三	二十五

西遼

耶律大石，於宋徽宗宣和七年，稱帝於起見曼，是爲西遼，都虎思。傳五主，至直魯古，爲乃蠻士屈出律所擒，凡七十六年而亡。

主別	建元別及年數	改元次數	在位年數
德宗 耶律大石	延慶二 起乙巳 康國九 起丁未 天德	三	十一

主別	建元別及年數	改元次數	在位年數
感天后 蕭氏	咸淸六 起丙辰	一	六
仁宗 夷列	紹興十二 起壬戌	一	十二

帝別	建元別及年數	改元次數	在位年數
承天后 耶律氏	崇福十四 起甲戌 皇德 重德 俱見正閏考	三	十四
末主 直魯古	天禧三十三 起戊子	一	三十三

金

完顏氏阿骨打，起宋徽宗政和五年，終宋理宗端平元年，共十主，一百二十年，而滅於蒙古。初都會寧，稱上京；後遷於燕，稱中都大興府；以汴爲南京，改中京大定府爲北京，而東京遼陽、西京大同仍舊，所謂五京也。

帝別	建元別及年數	改元次數	在位年數
太祖 旻（原名阿骨打）	收國二 起乙未 天輔七 七年卽天會元年 起丁酉	二	八
太宗 晟（原名吳乞買）	天會十三 癸卯八月改 十三年正月殂熙宗立	一	十二
熙宗 亶（原名合剌）	天會十三至十五 起乙卯仍稱天會 天眷三 起戊午 皇統九 九年卽天德元年 起辛酉	三	十四
海陵王 亮（原名迪乃古）	天德四 已巳十二月改 貞元三 起癸酉 正隆六 六年卽大定元年 起丙子	三	十二
世宗 雍（原名烏祿）	大定二十九 起辛巳	一	二十九

章宗 景（原名麻達葛）	明昌六	起庚戌	三	十九
	承安五	起丙辰		
	泰和八	起辛酉		
衛紹王 永濟（原名允濟）	大安三	起己巳	三	四
	崇慶一	壬申		
	至寧元 卽貞祐元	癸酉		
宣宗 珣（原名吾睹）	貞祐四	癸酉九月改	三	十一
	興定五	起丁丑		
	元光二	起壬午		
哀宗 守緒（原名守禮）	正大八	起甲申	三	十一
	開興 三年正月	壬辰正月改		
	天興三 傳位於承麟	壬辰四月改		
末帝 承麟	盛昌 按卽天興三年一本仍稱天興三年	甲午	一	在位不久宋與蒙古兵來伐爲亂兵所殺

西夏

自李繼遷於宋太平興國七年保地斥澤，雍熙三年降契丹，以爲夏州節度使。淳化元年封爲夏王，二年降宋，以爲銀州觀察使，賜姓名趙保吉，叛服靡常。咸平六年卒，在夏王位十四年。子德明立，漸強大，在位二十九年。至孫元昊，始稱帝改元，傳十二主，至末主晛二年，爲蒙古所滅。繼遷德明及末主晛均無年號。〇起宋太宗淳化元年，終宋理宗寶慶三年，凡二百三十八年。

主別	建元別及年數	改元次數	在位年數
夏 景宗趙元昊 主	顯道二 起壬申 開運 甲戌 廣運二 起甲戌 大慶二 起丙子 天授禮法延祚十一 起戊寅 廣熙 廣民 以上二號未詳何時	七	十七
夏 毅宗諒祚 主	延嗣寧國一 己丑 天祐垂聖三 起庚寅 福聖承道四 起癸巳 䄄都六 起丁酉 拱化五 起癸卯	五	十九
夏 惠宗秉常 主	乾道二 起戊申 天賜禮盛國慶五 起辛亥 大安十 起丙辰	五	十八
	天安禮定一 丙寅 西安 年號詔綱以爲疑常時投南界文如此		
夏 崇宗乾順 主	天儀治平四 起丁卯 天祐民安八 起辛未 永安三 起己卯 貞觀十三 起壬午 雍寧五 起乙未 元德七 起庚子 正德八 起丁未 大德五 起乙卯	八	五十三
夏 仁宗仁孝 主	大慶四 起庚申 人慶五 起甲子 天盛二十一 起己巳 乾祐二十三 起辛卯	四	五十四

夏 桓宗純祐 主	天慶十三 起甲寅	一	十三
夏 襄宗安全 主	應天四 起丁卯 皇建二 辛未	二	五
夏 神宗遵頊 主	光定十二 起壬申	一	十二
夏 獻宗德旺 主	乾定三 三年卽宋主昀元年起甲申翌年爲蒙古所滅 起甲申	一	二
	廢僭 成都 淸平 均見玉海，不知夏何主	三	

元

先號蒙古，姓奇渥溫氏。自太祖鐵木眞於南宋寧宗開禧二年稱帝於斡難河，滅乃蠻部。嗣太宗定宗憲宗繼之，稱帝漠北。至世祖忽必烈至元八年，改國號曰元，十六年滅宋，天下一統，計四主二后，並世祖在漠北年數，共七十二年。入主中原後，又十主，至順帝而北遁，凡八十九年而滅於明。合計十四主二后，共一百六十一年。又惠宗昭宗建號故國十三年，應歸入北元數內。初都和林稱上都，後都燕京，最後仍徙和林。

未入中原以前，史稱蒙古，茲將蒙古各帝后在位年數列記如左。

太祖鐵木眞，一稱成吉思汗，在位二十二年。
太宗窩闊台，在位十三年。
太宗第六后乃馬眞氏，稱制四年。
定宗貴由，在位三年。
定宗皇后斡兀，稱制二年。
憲宗蒙哥，在位九年。
以上各帝后，均無年號，故不列入表內。

帝別	建元別及年數	改元次數	在位年數
世祖 忽必烈（憲宗弟）	中統四 起庚申 至元三十一 起甲子十六年入主中原	二	三十五
成宗 鐵木耳	元貞二 起乙未 大德十一 起丁酉	二	十三
武宗 海山	至大四 起戊申	一	四
仁宗 愛育黎拔力八達	皇慶二 起壬子 延祐七 起甲寅	二	九
英宗 碩德八剌	至治三 起辛酉	一	三
泰定帝 也孫鐵木耳	泰定四 起甲子 致和 戊辰二月改	二	四

主別	建元別及年數	改元次數	在位年數
幼主 阿速吉八	天順 戊辰八月改九月文宗立	一	在位三月是年十月文宗遣兵陷上都不知所終
明宗 和世㻋	天曆二 戊辰九月文宗改旋遣使迎明宗於漠北二年正月明宗立八月殂	一	在位僅八月而殂未改元文宗復位仍稱天曆
文宗 圖帖睦爾	至順三 庚午五月改	一	五 前後在位四年餘
順帝 妥懽帖睦爾	元統二 癸酉十月改 至元六 乙亥十一月改 至正二十八 辛巳改二十八年卽明洪武元年北遁後又二年而殂	三	三十五

【附考】按文宗後尙有寧宗一帝，名懿璘質班，至順三年十月卽位，十一月殂，未改元，故不列入表內。

附北元

元順帝於戊申八月，因明兵至通州，棄大都北遁，徙應昌，又二年而殂，廟號惠宗，明諡曰順帝。子昭宗愛猷識里達臘嗣立，改元宣光。旋明兵圍應昌，以餘兵走保和林，在位十一年，是爲北元。後主古思帖木耳繼之，改元天元，年數未詳。

主別	建元別及年數	改元次數	在位年數	主別	建元別及年數	改元次數	在位年數

昭宗（愛猷識里達臘）	宣光十一 起明洪武三年庚戌	一	十一		可用 萬乘 二號據紀元韻覽不知何主	二	
後主（古思帖木耳）	天元 洪武十三年庚申見高麗史	一					

元末諸僭竊考 起元順帝至正十一年，終明太祖洪武元年。

天完 徐壽輝，蘄州羅田人，至正十一年十月舉兵爲亂，據蘄水，國號天完，稱皇帝，建元治平。初都蘄水，繼遷漢陽，僭立十年，爲其下陳友諒所殺。

大周 張士誠，泰州人，至正十三年五月起兵陷高郵，據以爲都，國號大周，自稱誠王，改元天祐，後改平江路（卽蘇州）爲隆平府，徙都之，僭立十五年，爲明所滅。

宋 韓林兒，韓山童之子，至正十五年二月，妖人劉福通迎立爲皇帝，又號小明王，國號宋，改元龍鳳。初都亳州，繼遷汴梁，又徙安豐，於至正二十六年，爲明將廖永忠所害，僭立十二年。

漢 陳友諒，徐壽輝之臣，至正二十年閏五月弒其主，自立爲皇帝，國號漢，改元大義，都江州，僭立四年而亡。子理爲其臣張定邊所立，都武昌，改元德壽，僭立二年，爲明所滅。

大夏　明玉珍，天完氏之臣，於至正二十二年三月，據蜀稱隴蜀王，翌年正月稱皇帝，都成都，國號大夏，改元天統，僭立四年卒子昇立，時年十歲，改元開熙，僭立六年，爲明爲滅。

元末諸僭竊建元表　以有年號者爲限凡五國

國別	姓氏別	建元別及年數	改元次數	僭立年數
天完	徐壽輝	治平八 一作天啓 起辛卯	二	十
		天定二 起己亥		
大周	張士誠	天祐十五 癸巳五月改 一說癸卯方改元	一	十五
宋	韓林兒	龍鳳十二 乙未二月改	一	十二
漢	陳友諒	大義四 四年即德壽元 庚子五月改	一	三
	陳理	德壽二 癸卯八月改	一	二
大夏	明玉珍	元年 起壬寅	一	四 合隴蜀王一年共四年
		天統四 四年即開熙元年 起癸卯		
	明昇	開熙六 起丙午	一	六

明

朱元璋，鍾離人，元至正二十八年正月，即帝位於金陵，國號明，建元洪武。至成祖徙都燕，傳十六帝，二百七十六年，為流寇所亡。

帝別	建元別及年數	改元次數	在位年數
太祖 朱元璋	洪武三十一 起戊申	一	三十一
惠帝 允炆	建文四 起己卯	一	四
成祖 棣	永樂二十二 起癸未	一	二十二
仁宗 高熾	洪熙一 起乙巳	一	一
宣宗 瞻基	宣德十 起丙午	一	十
英宗 祁鎮	正統十四 起丙辰 天順八 景泰八年復位後改丁丑正月	二	二十二

帝別	建元別及年數	改元次數	在位年數
代宗 祁鈺(景帝)	景泰七 起庚午	一	七
憲宗 見深	成化二十三 起乙酉	一	二十三
孝宗 祐樘	弘治十八 起戊申	一	十八
武宗 厚照	正德十六 起丙寅	一	十六
世宗 厚熜	嘉靖四十五 起壬午	一	四十五
穆宗 載垕	隆慶六 起丁卯	一	六

神宗	翊鈞	萬曆四十八	起癸酉四十八年七月以後卽泰昌元年	一	四十七
光宗	常洛	泰昌一	庚申八月改	一	一
熹宗	由校	天啓七	起辛酉	一	七
懷宗	由檢	崇禎十七	起戊辰十七年卽清順治元年	一	十六

明末六王考

起明崇禎十七年五月，終清順治十八年十二月。

福王　朱由崧，神宗孫。甲申北都之變，王時避賊在淮安。明鳳陽總督馬士英等迎立於南京，改元弘光，是歲五月卽皇帝位。明年五月，爲清兵執歸京師，在位凡二年。（實計僅一年零一月。）

唐王　朱聿鍵，太祖八世孫。順治二年，明臣鄭鴻逵等奉王入福建，丁未七月，卽位於福州，改七月以後爲隆武元年。明年兵敗，奔汀州，被清兵所執，在位凡二年。

魯王　朱以海，太祖九世孫，順治二年，明兵部尙書張國維等奉王監國於紹興，以明年爲魯監國元年，改元庚寅。一說順治七年改監國，後屢爲清兵所迫，遁入海，竄居金門島。順治八年十一月，將往南澳，鄭成功使人沈之海中，在位凡六年。

唐王　朱聿鏌，太祖八世孫。順治三年十一月，明大學士蘇觀生等奉王監國於廣州，改元紹武。十二月，清兵破廣州，被獲，自縊死，在位二月。

桂王　朱由榔，神宗孫，桂端王常瀛次子。順治三年，明兩廣總督丁魁楚等，共推王監國。是年，王即位於肇慶，以明年爲永曆元年，後屢爲清兵所迫，轉徙兩廣雲貴，最後入緬甸，居賴礮。順治十八年十二月，清兵入緬甸，緬酋以王獻軍前。明年夏四月，王及太子死於雲南，在位十五年。

淮王　朱常清，順治五年，鄭成功奉爲監國，改元東武，見無名氏鯨琦別編

明六王建元表

王別	建元別及年數	改元次數	在位年數
福王 朱由崧	弘光二 甲申五月改	一	二
唐王 聿鍵	隆武二 乙酉八月改	一	二
魯王 以海	庚寅六 丙戌正月改 一說庚寅改	一	六
唐王 聿鏌	紹武 丙戌十一月改	一	二月

桂王	由榔	永曆十五	丁亥正月改	一	十五		
淮王	常清	東武	戊子	一	未詳		

明末二僭竊考

起明崇禎十七年正月，終清順治三年十二月。

大順　李自成，陝西米脂縣人，流寇高迎祥之甥。崇禎十七年正月，稱王於西安，國號大順，改元永昌。是歲三月，陷北京，明懷宗殉國，自成即帝位於武英殿。聞清兵且至，燒宮室，挾明太子及二王西走。順治二年十二月，清兵克西安，自成走襄陽，復赴武昌，至通城，竄於九宮山，率二十騎掠食山中，爲村民所困，自縊死。或曰陷泥淖中，被村民鉏擊死，僭立凡二年。

大西　張獻忠，陝西延安人，起流寇。順治元年入川，據成都，僭號大西國王，改元義武，旋改大順。順治三年，率衆出川北，謀窺西安，至鹽亭界大霧，獻忠曉行，猝遇清兵於鳳凰坡，中矢墜馬，伏積薪下，清兵擒出斬之。僭立凡三年。

本表以有年號者爲限，凡二國。

國別	姓氏別	建元別及年數	改元次數	僭立年數
大順	李自成	永昌二　甲申正月改	一	二
大西	張獻忠	義武　甲申改 大順三（蜀碧作天順）甲申又改	二	三

清代建元及立國始末表

起明萬曆十一年癸未，終清宣統三年辛亥。

清起自赫圖阿拉（即興京），先世爲女眞別種愛新覺羅氏，居長白山之東麓。後丁國變，有孟特穆者，即肇祖原皇帝，始遁居於此，慨然有興復之志。數傳至覺昌安而始大，是爲景祖。再傳至太祖努爾哈赤，戰勝尼堪外蘭，蠶食鄰近諸部，遂成開創之業，始建國號曰後金（一說滿洲，）改元天命。（時明萬曆四十四年正月也。）薩爾滸一役，明師奪氣，遂乘勝侵邊，既克遼瀋，乃建盛京。

太宗皇太極繼之，（明天啓六年九月，以明年爲天聰元年。）東藩朝鮮，西降插漢兒（察哈爾），北取東海索倫諸部，南有濱海島嶼，版圖日擴，改國號曰清，改元崇德。（明崇禎九年四月。）又數興師伐明，長城內外，如入無人之境，王業以奠。世祖福臨，以沖齡踐阼，

（明崇禎十七年正月嗣位，改元順治）戰守未定；會明將吳三桂開關迎降，遂長驅入燕代，平流寇，入主中夏。十八年中，日昃不遑，規模粗具。

聖祖（玄燁）嗣立，改元康熙，削平三藩，勘定臺灣，乃毀雅克薩城，北與羅剎（俄羅斯）以外興安嶺為界；又破準噶爾，收服阿勒台山（阿爾泰山）以東地，兵威及於藏南矣。其後世宗（胤禎）用兵青海，再降準部；又與羅剎訂約，以恰克圖為市場；西起沙濱達巴哈，東至阿巴海圖，立碑為界。

及高宗弘曆（改元乾隆），承康雍餘烈，卒平準回，兼闢苗疆，威服西南諸國；其列入職方者凡十有八省：曰直隸江蘇安徽山西山東河南陝西甘肅浙江江西湖北湖南四川福建廣東廣西雲南貴州，爰分職守以理疆域：京師盛京，各置府尹一，各省置總督八，（直隸、兩江、兩湖、兩廣、閩浙、雲貴、陝甘、四川）巡撫十五，（各省一人，惟四川、直隸、甘肅由總督兼，吉林、黑龍江、新疆巡撫係後設，又奉天置總督一，兼管奉吉黑三省，清末以督撫同城，權不統一，乃於光緒三十年裁去湖北雲南廣東三巡撫，合而計之，有二十二行省）將軍十一，（江寧、京口、杭州、福州、廣州、荊州、成都、西安、寧夏、涼州、綏遠。中葉以還，復添設奉天、吉林、黑龍江、伊犁四將軍，及喀爾喀定邊左副將軍。此外熱河、察哈爾各設都統一，直隸、山西、甘肅、奉、吉、黑、山東、陝西、江浙、湖北、四川、福建、廣東、新疆，共設副都統三十有五，而參贊、幫辦、領隊各大臣，尚不與焉，是爲旗兵長官。若夫綠營，有提督、總兵、副、參、游、守、千、把、外等官佐，治軍之官可謂盛矣。）而奉天吉林黑龍江伊犁等處，亦各置軍戍守。（已見上註，清末奉吉黑改行省，設一總督，二巡撫。）凡府一百八十四，州六十四，廳十六，屬州一百五十，屬廳十，（清末歸綏一帶添設直隸廳十有一）屬縣一千三百有一。（羈縻土府州縣司等，不在其內，其後改土歸流，及東三省新疆改行省後，府廳州縣各有增加，不祇上述之數矣。）是爲本部。外藩及屬國凡二十有九；內蒙古部落二十五，爲旗五十有一；外蒙古喀爾喀部落四，爲旗八十有四；青海部落四，爲旗二十有九；西套厄魯特編旗三，察哈爾編旗八，西藏轄城六十餘，與口外牧廠西域各部並隸版圖。東自朝鮮、琉球、蘇祿，南自安南、暹羅、南掌、緬甸，西南廓爾喀（卽尼泊爾），錫金（一名哲孟雄）布魯克巴（卽布丹），西至哈薩克、布魯特、霍罕（卽浩罕）、安集延、塔什罕、拔克達山、博洛爾、布哈爾、愛烏罕、痕都斯坦、巴勒提諸國，罔不稱藩內附，日闢百里，何其盛也。（以上據大清一統志。）

泊夫仁宗（顒琰改元嘉慶）嗣立，內亂迭興，宣宗（旻寧改元道光）繼之，始與英人啓釁，（因廣督林則徐燒燬英商鴉片，）卒開五口通商（上海寧波福州廈門廣州，）割香港以界英，於是洪秀全楊秀清石達開輩乘之，集議金田而禍變作矣。及文宗（奕詝）登極，改元咸豐，秀全亦建國稱王（號太平天國，自稱天王，）長驅東下，直據金陵；英法乘之，聯軍逼京，帝走熱河，致爲城下之盟。於是俄人乘機南下，要割黑龍江北、烏蘇里河以東之地，而國境蹙矣。賴曾左諸氏專力於外，削平大難，收復回疆，克成穆宗（載淳改元祺祥，旋改同治）中興之業。然西北阿爾泰諾爾烏梁海及唐努烏梁海十佐領之地，已永淪不返。

德宗（載湉改元光緒）初葉，能收回伊犁，改建行省，顧棄東南緬甸越南暹羅錫金琉球諸國，以自撤藩籬；繼又棄朝鮮，割臺澎以界日本，於是英俄德法紛起效尤，侵佔我軍港，攘奪我路鑛，干涉我土地，瓜分之禍迫於眉睫，甚至養癰貽患，（利用義和團仇殺外人，致京城失守，）致召八國之師（英法德俄義奧美日），引狼入室，激成日俄之戰，日蹙百里，又何衰也。迨少帝溥儀立（改元宣統，）醇親王載灃攝政，而革命之機愈熟。黎元洪武昌一呼，響應者幾徧全國，袁氏乘之，迫清退位，宣布共和，改稱民國，數千年專制之局，於焉告終。（本考係據大清一統志及雜採嘉定童世亨湖北汪𡼖鸞之說，參以己意而成，特此附註。）

本表起太祖癸未，至宣統辛亥，凡十二帝，共三百二十九年。內除太祖太宗六十一年，入主中原後，凡二百六十八年。

帝別	建元別及年數	改元次數	在位年數
太祖（努爾哈赤）	元至三十三　起癸未 天命十一　起丙辰	一	四十四
太宗（皇太極）	天聰十（十年五月以後卽崇德元年）　起丁卯 崇德八（元年四月改國號曰大清）　起丙子	二	十七
世祖（福臨）	順治十八　起甲申（是年入主中原）	一	十八
聖祖（玄燁）	康熙六十一　起壬寅	一	六十一
世宗（胤禛）	雍正十三　起癸卯	一	十三
高宗（弘曆）	乾隆六十　起丙辰	一	六十
仁宗（顒琰）	嘉慶二十五　起丙辰	一	二十五
宣宗（旻寧）	道光三十　起辛巳	一	三十

廟號	名	年號	起	元年	年數
文宗	奕詝	咸豐十一	起辛亥	一	十一
穆宗	載淳	祺祥 同治十三	壬戌改 壬戌又改	二	十三
德宗	載湉（文宗之姪）	光緒三十四	起乙亥	一	三十四
少帝	溥儀（德宗之姪）	宣統三	起己酉	一	三

附

清未入關前世系表

- 都督孟特穆（追諡肇祖原皇帝）
  - 充善
    - （一）妥羅
    - （二）妥義謨
    - （三）錫寶齋篇古
      - 都督福滿（追諡興祖直皇帝）
        - （一）德世庫
        - （二）劉闡
        - （三）索長阿
        - （四）覺昌安（追諡景祖翼皇帝）
          - （一）禮敦
          - （二）額爾袞
          - （三）界堪
          - （四）塔克世（追諡顯祖宣皇帝）
          - （五）塔察篇古
        - （五）包朗阿
        - （六）寶實
  - 褚宴

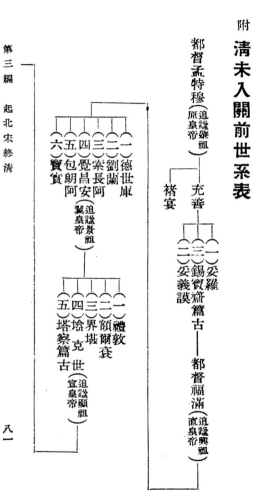

(一)太祖高皇帝努爾哈赤（在位十一年）改元天命起即明萬曆四十四年至天啓六年

睿親王多爾袞（攝政王）

(二)太宗文皇帝皇太極（在位十七年）天聰九崇德八起明天啓七年至崇禎十六年崇德元年始建國號曰清

(三)世祖章皇帝福臨（順治元年始入主中原）

清僭竊一　僞周吳三桂及其孫世璠，起康熙十二年十一月，終二十年十月。

周　吳三桂，明總兵吳襄之子，崇禎末，爲總兵官。順治元年，北都陷後，開關延清，討平流寇，後封平西親王，鎭守雲南。及康熙十二年撤藩事起，三桂乃於是年十一月二十一日殺雲南巡撫朱國治，以所部兵反，自稱天下都招討兵馬大元帥，以明年爲周元年。（一說，康熙十三年正月，三桂奉崇禎三太子即位，改元周啓，直至十七年三月方始自立稱帝，改元昭武，國號大周。）旋分兵四出，擾攘頻年，奄有七省之地。嗣因湖南戰事迄未得手，響應者先後反正，疆域日蹙，乃思竊帝號以自娛。十七年五月，遂即帝位於長沙，改元昭武，國號閒。自長沙徙都衡州，改衡州爲定天府。八月，遣所部攻永興城，垂破，而三桂暴卒（僭立四年有奇。）諸兵解圍赴衡州。其孫世璠自雲南至，始發喪，改元洪化，擁柩歸滇。二十年十月，清兵會攻雲南省城，食盡援絕，守者復內應，世璠自殺（僭立三年有奇）。凡兩世，共八年二月而亡。

名別	建元別	改元次數	僭立年月
吳三桂	昭武 康熙十七年五月改八月卒遂未改元前計之共四年十月 利用 見狐膑積餘不知何時	二	四年十月
吳世璠 三桂孫	洪化 康熙十七年八月改二十年十月平	一	三年三月

附 太平天國考 起咸豐元年閏八月，終同治三年六月。

天王　洪秀全，廣東花縣人，道光三十年六月，起兵廣西之金田，陷廣西數城。咸豐元年閏八月，攻永安州陷之，建號太平天國，以國號爲紀元。自爲天王，分封楊秀清等爲五王，（楊秀清東王，蕭朝貴西王，馮雲山南王，韋昌輝北王，石達開右翼王。洪大全之天德王係因舊稱）秦日昌羅亞旺范連德胡以洸等爲丞相軍師等職。自是黨衆日盛，所向克捷，連陷沿江各省。三年二月，遣石達開等取江寧，定爲國都。立朝儀，定官制，制法律，行新曆（即陽歷，）完髮易服，設學開科，（應試者有二萬人，）儼然新朝氣象。當其盛時，奄有十三省區。迨後六王爭權，自相殘殺，部屬離異。湘鄉曾國藩起而乘之，相持數年，江寧合圍，同治三年六月，克復江寧，而秀全已於五月二十七日仰藥死矣（在位十三年零四月。）城破後，幼主福奔廣德，輾轉走廣信，是年八月，爲江西軍席寶田所獲，磔於南昌市。太平天國凡兩主，共十三年又六月而亡。

按咸豐二年賽尚阿奏摺附單之洪大泉口供，（原件現存故宮文獻館）當時僅封五王，即東王楊秀清，西王蕭朝貴，南王馮雲山，北王韋昌輝，右翼王石達開也天德王洪大泉（湖南衡山縣人，與洪秀全並非同宗，）原爲天地會，後改爲上帝會，係洪秀全因大泉前爲三合會首領，署有天德年號，故因其舊稱以尊之，號曰天德王，與己之太平王平行，同有萬歲之稱，並非封爲天德王也。

主別	建元別及年數	改元次數	在位年數
天王 洪秀全	太平天國十四　辛亥八月改	一	十四　實計十三年零四月

主別	建元別及年數	改元次數	在位年月
幼主 福	太平天國　甲子仍稱太平天國十四年	一	二月

附錄

歷代正閏系統表

起西漢高祖乙未元年，終清宣統辛亥三年，共二千一百十有七年。

西漢‖—新—漢淮陽王—‖東漢‖魏‖晉‖東晉‖宋‖齊‖梁‖陳‖

‖隋‖唐‖後梁‖後唐‖後晉‖後漢‖後周‖宋‖南宋‖元‖明‖清

歷代建元重出對照表

重出凡一百一十九，重複之都數凡三百一十。

建元別	國主別	重複次數	附考
後元	漢文帝 漢景帝 漢武帝	三	文景二帝之後元中元當時雖無建元之名後此武帝光武曾用以建元故並載焉
中元	漢景帝 東漢光武帝	二	

建元別	國主別	重複次數	附考
中興	西燕主慕容永 齊和帝 北魏安定王 南唐主李景	四	
建	東漢光武帝	六	

武	晉惠帝 東晉元帝 後趙主石虎 西燕主慕容忠 齊明帝		
建平	漢哀帝 後趙主石勒 後燕主慕容麟 後燕主慕容盛 西燕主慕容瑤 南燕主慕容德	六	
建始	漢成帝 後燕主慕容詳 後燕主慕容熙	三	
建	東漢章帝 成主李特 後秦主姚萇	四	

初	西涼主李暠		
建元	漢武帝 東晉康帝 漢主劉聰 前秦主苻堅 齊高帝	五	
建興	蜀漢後主 吳侯官侯 晉愍帝 成主李雄 前涼主張寔 前涼主張玄靚 後燕主慕容垂	七	
建和	東漢桓帝 南涼主利鹿孤	二	
建義	西秦主乞伏國仁 北魏孝莊帝	二	

建明	西燕主慕容顗 北魏東海王	二	
永光	漢元帝 宋廢帝	二	
永初	東漢安帝 宋武帝	二	
永建	東漢順帝 西涼主李恂	二	
永興	東漢桓帝 晉惠帝 魏主冉閔 前秦主苻堅 北魏太宗 北魏孝武帝	六	
永	東漢順帝 東晉穆帝 後秦主姚泓	五	

和	北涼主沮渠牧犍 閩主王延鈞		
永安	吳景帝 晉惠帝 北涼主沮渠蒙遜 北魏孝莊帝 夏主趙乾順（崇宗）	五	
永泰	齊明帝 唐代宗	二	
永嘉	東漢沖帝 晉懷帝	二	
永康	東漢桓帝 晉惠帝 後燕主慕容寶 西秦主乞伏熾磐	四	
永壽	見道經 東漢桓帝	二	

永平	東漢明帝 晉惠帝 北魏世宗 隋李密 前蜀主王建	五	
永寧	東漢安帝 晉惠帝 後趙主石祗	三	
永隆	隋梁師都 唐高宗 閩主王曦	三	
永樂	前涼主張重華 明成祖	二	
永昌	東晉元帝 唐則天后 明李自成	三	
永	東漢和帝	三	

元	前涼主張茂 齊東昏侯		
永熙	晉惠帝 北魏孝武帝	二	
太平	吳侯官侯 北燕主馮跋 梁敬帝 隋林士宏 北宋太宗 遼聖宗	六	
太寧	東晉明帝 後趙主石虎 北齊武成帝	三	
太元	吳大帝 東晉孝武帝 前涼主張駿	三	以時計之前涼張駿應列晉孝武前
太	漢武帝	二	

始	前涼主張玄靚		
太康	晉武帝 遼道宗 一作大康	二	
太清	前涼主張天錫 梁武帝	二	
太安	晉惠帝 前秦主苻丕 後涼主呂光 北魏文成帝	四	
太初	漢武帝 漢哀帝(太初元將一作太初) 前秦主苻登 西秦主乞伏乾歸 南涼主禿髮烏孤	五	
太	魏明帝 後趙主石勒 東晉海西公	五	

和	漢主李勢 北魏孝文帝		
太平天國	洪秀全 洪福	二	以國號爲建元
更始	漢淮陽王 西燕主慕容沖 西秦主乞伏乾歸	三	
元興	東漢和帝 吳歸命侯 東晉安帝	三	
元和	東漢章帝 唐憲宗	二	
元嘉	東漢桓帝 宋文帝	二	
元熙	東晉恭帝 漢主劉淵	二	以時計之劉淵應列晉恭帝前
元	漢宣帝	二	

年號	帝王	數	
康	晉惠帝		
元光	漢武帝 金宣宗	二	
天漢	漢武帝 前蜀主王建	二	
天興	北魏太祖 隋劉武周 金哀宗	三	
天寶	唐玄宗 吳越主錢鏐	二	
天祐	唐昭宗 唐昭宣帝 元張士誠　一作天佑	三	
天保	北齊文宣帝 後梁主蕭巋	二	
天會	北漢主劉鈞 北漢主劉繼元 金太宗 金熙宗	四	
天璽	吳歸命侯 北涼主段業	二	
天德	閩主王延政 西遼主德宗 金海陵王	三	
天禧	宋眞宗 西遼主直魯古	二	
天統	北齊溫公 元明玉珍	二	
天授	唐則天后 西夏主趙元昊（景宗）	二	
天順	元幼主 明英宗	二	
天顯	遼太祖 遼太宗	二	

天慶	遼天祚帝 西夏主趙純祐（桓宗）	二	
天成	梁貞陽侯 後唐明宗	二	
天福	後晉高祖 後晉齊王 後漢高祖	三	
正始	魏邵陵公 後燕主慕容高雲 北魏宣武帝	三	
正平	北魏太武帝 隋李子和	二	
正德	西夏主趙乾順 明武宗	二	
至德	陳後主 唐肅宗	二	
至	元世祖	二	

元	元順帝		
延熙	蜀漢後主 後趙王石弘	二	
延和	北魏太武帝 唐睿宗	二	
延興	北魏孝文帝 齊海陵王	二	
咸寧	晉武帝 後涼主呂纂	二	
咸康	東晉成帝 前蜀主王衍	二	
大同	梁武帝 遼太宗	二	
大寶	梁簡文帝 南漢主劉鋹	二	
大	後涼主呂光 金衛紹王	四	遼道宗應列金衛紹王前

安	遼道宗 西夏主趙秉常（惠宗）	
大定	後梁主蕭詧 北周靜帝 金世宗	三
大順	唐昭宗 明張獻忠	二
大慶	西夏主趙元昊（景宗） 西夏主趙仁孝（仁宗）	二
大德	西夏主趙乾順（崇宗） 元成宗	二
貞觀	唐太宗 西夏主趙乾順	二
貞元	唐德宗 金海陵王	二
乾	隋蕭公銑 前蜀主王衍	三

德	宋太祖	
乾道	西夏主趙秉常 南宋孝宗	二
乾亨	南漢主劉龑 遼景宗	二
乾化	後梁太祖 後梁末帝	二
乾祐	後漢高祖 後漢隱帝 北漢主劉旻 北漢主劉鈞 西夏主趙仁孝	五
皇建	北齊孝昭帝 西夏主趙安全（襄宗）	二
皇始	前秦主苻健 北魏道武帝	二
五	漢宣帝	三

鳳	吳侯官侯 隋竇建德		
青龍	魏明帝 後趙主石鑒 後燕主闌汗	三	
黃龍	漢宣帝 吳大帝	二	
嘉平	魏邵陵公 漢主劉聰 南涼主禿髮傉檀	三	
和平	東漢桓帝 前涼主張祚 北魏文成帝	三	
上元	唐高宗 唐肅宗	二	
光天	前蜀主王建 南漢主劉玢	二	
應天	燕主劉守光 西夏主趙安全（襄宗）	二	
甘露	漢宣帝 魏高貴鄉公 吳歸命侯 前秦主苻堅	四	
治平	宋英宗 元徐壽輝	二	
承光	夏主赫連昌 北齊幼主	二	
保大	南唐主李景 遼天祚帝	二	
廣運	後梁主蕭琮 北漢主劉繼元 西夏主趙元昊	三	
麟嘉	漢主劉聰 後涼主呂光	二	

升平	東晉穆帝 前涼主張玄靚	二	
天啓	梁永嘉王蕭莊 明熹宗	二	
武成	北周明帝 前蜀主王建	二	
紹興	南宋高宗 西遼主耶律夷列	二	
泰始	晉武帝 宋明帝	二	
燕元	前燕主慕容皝 前燕主慕容儁 後燕主慕容垂	三	
明德	後蜀主孟知祥 後蜀主孟昶	二	

顯德	後周太祖 後周世宗	二	
開皇	見道經 隋文帝	二	
開運	後晉出帝 西夏主趙元昊	二	
延康	東漢獻帝 見道經　未詳何時 隋沈法興	三	
神龍	唐則天后 唐中宗	二	
景福	唐昭宗 遼興宗	二	

歷代建元考拾遺

歷代僭竊年號表

西漢末僭竊表 起漢淮陽王更始元年癸未，終世祖建武十年甲午。

姓氏	建元	改元次數	僭立年數
隗囂（成紀人，據天水，有雍西七郡，自稱西州上將軍）	漢復（更始元年改，建武九年卒，子純立，於十年降漢）	一	十二（合隗純一年，共十三年）
劉盆子（卜者王郎）	建世（建武元年改，三年亡，詐稱成帝子輿）	一	三

東漢僭竊表

姓氏	建元	改元次數	僭立年數
張曼成	神上（見類纂考，不知所本）	一	

魏僭竊表 起明帝景初元年丁巳，終二年戊午。

姓氏	建元	改元次數	僭立年數
公孫淵稱燕王	紹漢明帝景初元年七月改明年八月亡	一	一年二月

兩晉僭竊表 起惠帝永康元年庚申，終東晉安帝元興二年癸卯。

姓氏別	建元別	改元次數	僭立年月
趙廞	太平惠帝永康元年十一月改明年正月平	一	三月
趙王倫司馬氏八王之一	建始永康二年正月改四月誅	一	四月
劉尼即義陽蠻張昌	神鳳太安二年五月改八月平	一	四月
南陽王保	建康元帝太興二年四月改明年五月亡	一	一年二月

姓氏別	建元別	改元次數	僭立年數
句渠知趙巴酋	平趙太興三年六月改七月平	一	二月
侯子光後趙	龍興成帝咸康二年改即平	一	
張琚秦	建昌穆帝永和八年正月改五月平	一	五月
李宏秦	鳳凰帝奕太和五年八月改九月平	一	二月

張育秦	黑龍孝武帝寧康二年六月改九月平	一	四月
王始南燕太山賊	太平	一	
張大豫後涼	鳳凰孝武帝太元十一年二月改十一月平	一	十月
翟遼後燕	建光太元十三年改傳子釗	一	三年九月
翟釗後燕	定鼎太元十六年十月改明年六月亡	一	九月
竇衡西秦	元光太元十八年六月改明年七月平	一	一年二月
桓玄	永始 建始安帝元興二年十二月改明年五月誅○建始一號係三年改	二	六月
桓謙	天康一作天安○見玉海	一	

宋僭竊表

起文帝元嘉九年壬申，終明帝泰始二年丙午。

姓氏別	建元別	改元次數	僭立年月
趙廣氐賊	泰始元嘉九年九月改十四年四月平見宋書劉粹傳	一	四年八月
楊難當氐	建義元嘉十三年三月改七月降魏十九年宋師討平之	一	六年十月
元凶劭文帝太子弒文帝	太初元嘉三十年二月改五月誅	一	四月
南郡王義宣即魯爽	建平孝武帝孝建元年正月改六月亡	一	六月

姓氏別	建元別	改元次數	僭立年月
晉安王子勛	義嘉 明帝泰始二年正月改八月亡	一	八月

齊僭竊表

一起武帝永明四年丙寅，終五年正月。

一起東昏侯永元二年二月，終三月。

姓氏別	建元別	改元次數	僭立年月
唐寓之 富陽民	興平 武帝永明四年改明年正月平	一	
雍道晞	建義 東昏侯永元二年二月改三月平	一	二月

梁僭竊表

起武帝大同元年乙卯，終元帝承聖二年癸酉。

姓氏別	建元別	改元次數	僭立年月
鮮于琛	上願 武帝大同元年改是年平	一	
王巨觸 汾州胡	平都 大同二年改	一	
劉敬躬	永漢 大同八年正月改三月平	一	三月
臨賀王正德	正平 太淸二年十一月改明年三月廢	一	五月

姓氏別	建元別	改元次數	僭立年月
侯景 自稱漢帝	太始 簡文帝大寶二年二月改明年四月誅	一	一年三月
武陵王紀 稱帝成都	天正 大寶三年四月改元帝承聖二年七月亡	一	一年四月

北魏僭竊表 起太宗神瑞二年乙卯，終西魏文帝大統元年乙卯

姓氏別	建元別	改元次數	僭立年月
白亞栗斯 河西饑胡	建平 太宗神瑞二年三月改明年九月平	一	一年七月
博眞	承平 太武帝時	一	
司馬小君	聖君 文成帝興安二年改見魏書道武諸子傳	一	
呂苟或作荀兒	建明 宣武帝正始三年正月改九月平	一	九月
陳瞻 均州賊	聖明 正始三年正月改七月平	一	七月
京兆王愉	建平 永平元年八月改九月平	一	二月
破六韓拔陵	眞王 孝明帝正光四年四月改	一	
莫折念生	天建 正光五年六月改孝昌三年九月平	一	三年四月
元法僧	天啓 一作大啓孝昌元年正月改三月歸梁	一	三月
杜洛周	眞王 孝昌元年八月改武泰元年正月平	一	二年六月

姓氏	建元	改元次數	僭立年月
劉蠡升（山胡）	神嘉（孝昌元年十二月改西魏文帝大統元年三月平）	一	十年四月
鮮于修禮	魯興（一作普興孝昌二年正月改八月平）	一	八月
葛榮	廣安（孝昌二年九月改武泰元年九月平）	一	二年一月
劉獲鄭辯	天授（孝昌三年七月改是月平）	一	一月
蕭寶寅	隆緒（孝昌三年十月改明年正月平）	一	四月
邢杲	天統（孝莊帝建義元年六月改明年四月平）	一	十一月
万俟醜奴	神獸（建義元年七月改永安三年四月平）	一	二年十月
北海王顥	孝基（永安二年四月改六月亡）	一	三月
汝南王悅	更新（東海王建明元年十二月改是月還梁一作更興）	一	一月
劉舉（光州人北魏時）	皇武（僭號濮陽見韻編）	一	
沙門法慶（冀州賊）	大乘	一	
陳雙熾	始建	一	

北周僭竊表 起武帝建德五年丙申，終六年丁酉。

姓氏	建元	改元次數	僭立年月

劉沒鐸 稽胡	石平 建德五年十二月改明年十一月平	一	一年

北齊僭竊表

起幼主恆承光元年丁酉，終周宣帝宣政元年十一月。

姓氏	建元	改元次數	僭立年月
高紹義	武平 幼主承光元年十二月改明年閏六月亡	一	八月

隋末僭竊表

起隋煬帝大業九年癸酉，終代王侑義寧元年丁丑。

姓氏別	建元別	改元次數	僭立年月
向海明	白烏 大業九年十一月改即平	一	一月
劉迦論	大世 大業十年正月改即平	一	一月
姓氏別	建元別	改元次數	僭立年月
操師乞	始興 或云天成大業十二年十月改即平	一	一月
曹武徹	通聖 義寧元年見隋紀	一	

唐僭竊表 起高祖武德元年戊寅，終昭宗乾寧三年丙辰。○附前蜀僭竊程道養。

姓氏別	建元別	改元次數	僭立年月
高曇晟	法輪 武德元年十二月改數月亡	一	
王摩沙	進通 武德六年正月改	一	
譙王重福	中元克復 一作中宗克復景雲元年七月改八月平	一	二月
安祿山 稱大燕皇帝	聖武 一作天和天寶十五年正月改明年正月誅即至德二載	一	一年一月
安慶緒 祿山子	載初 至德二載改 天成 至德二載十月改乾元二年四月誅⊙一作天和或作至成	二	二年四月

姓氏別	建元別	改元次數	僭立年月
史思明 稱燕帝於范陽	順天 肅宗乾元二年五月改 應天 上元二年正月改三月被殺	二	一年十一月
史朝義 思明之子	顯聖 上元二年三月改代宗廣德元年正月誅	一	一年十一月
段子璋 反梓州	黃龍 上元二年三月改五月平	一	三月
袁晁 反浙東	寶勝 或作昇國肅宗寶應元年八月改明年四月平	一	九月
朱泚 據長安稱大秦帝	應天 德宗建中四年十月改	二	十月

	天皇 興元元年三月改七月誅		
李希烈 稱大楚帝	武成 興元元年二月改貞元二年三月誅	一	二年二月
裘甫 浙東賊	維平 懿宗咸通元年改即伏誅	一	
黃巢 初稱衝天大將軍改稱大齊皇帝	王霸 僖宗乾符五年二月改 金統 廣明元年改中和四年六月平	二	六年五月
濮王	天壽 未審何時	一	
襄王熅	建貞 光啓二年十月改十二月被殺	一	二月
董昌 據越州	大聖 一作天聖昭宗乾寧元年改 順天 一作天册乾寧二年二月改明年五月爲錢鏐所破	二	二年有奇
程道養 前蜀亂賊	泰始	一	

後唐僭竊表 起莊宗同光三年。

姓氏	建元	改元次數	僭立年月
東丹倍 遼義宗	甘露 同光三年改	一	

後晉竊僭表 起天福七年壬寅，終八年癸卯。

姓氏	建元	改元次數	僭立年月
漢張過賢	永樂 天福七年七月改明年十月平	一	一年四月

兩宋僭竊表 起宋太宗淳化五年甲午，終南宋孝宗淳熙六年己亥。

姓氏別	建元別	改元次數	僭立年月
李順 成都賊	應運 太宗淳化五年正月改五月平	一	五月
王均 益州卒	化順 眞宗咸平三年正月改十月平	一	十月
妙淸 高麗賊	天開 仁宗景祐二年改	一	
王則 貝州卒	得聖 一作德勝慶曆七年十一月改明年正月平	一	三月

姓氏別	建元別	改元次數	僭立年月
儂智高 據廣南	啓曆 皇祐四年五月改明年正月狄青破走之 景瑞 端懿 均見玉海 大歷 見正閏考	四	九月

趙諗	隆興 玉海作龍興崇寧二年改見朝野雜記	一	
方臘 睦州賊陷杭州歙	永樂 徽宗宣和二年十月改明年四月平	一	七月
鍾相	天載 南宋高宗建炎四年三月改卽平	一	一月
楊幺	庚戌 建炎四年二月改 大聖天王 一作大天聖正紹興三年改六年六月平	二	六年五月
劉豫 濟南守降金建炎四年九月立爲齊帝都大名後徙汴	阜昌 紹興元年改七年十一月爲金人所廢	一	六年十一月
自杞國	乾貞 孝宗淳熙三年改見宋知邕州吳儆劄子及記	一	

李接	羅平 淳熙六年六月改是年平	一	
吳曦	轉運 見沈氏正閏考	一	
李婆備	太平	一	
王法師思	羅平	一	
雷進	人知 一作人和	一	
李合戎雷進	正法	一	
陳萬	天戰	一	
廖森	重德	一	

李子揚	龍興 以上七號皆見玉海而不詳其時	一	
徐眞一 福建妖僧	天定 見錢東垣建元類聚考	一	

遼及西遼僭竊表

起聖宗太平九年戊辰，終西遼末主天禧二十三年庚戌。

姓氏別	建元別	改元次數	僭立年月
詳穩大延琳 據遼陽	天慶 聖宗太平九年八月改十月平	一	三月
高永昌	隆基 天祚帝天慶六年正月改四月亡	二	四月
	應順 見契丹國志		
耶律淳	天福 一作建福保大二年三月改	一	
蕭后	德興 保大二年六月改	一	
蕭幹 天嗣一本作蕭后號	天嗣 一作天阜一作天興保大二年十二月改明年八月亡	一	九月
奚回離保	天復 保大三年正月改五月平	一	五月
梁王雅里	神曆 保大三年五月改	一	
移刺窩幹	天正 西遼承天后崇福九年九月改卽平	一	一月
德壽陁鎖等 契丹	身聖 末主天禧二十三年據信州反改元身聖見金史	一	

金僭竊表 起衛紹王至寧元年癸丑，終宣宗貞祐四年丙子。

姓氏別	建元別	改元次數	僭立年月
耶律留哥	元統 衛紹王至寧元年二月改宣宗貞祐四年降蒙古	一	三年有奇
楊安兒	天順 宣宗貞祐三年二月改卽平	一	一月
蒲鮮萬奴	天泰 貞祐三年十月改	一	
張致	興隆 貞祐三年十二月改明年十一月平一作龍興	一	一年
郝定	順天 貞祐三年改卽平	一	
耶律斯布	天成 一作天威貞祐三年改	一	
金山	天德 一作天會一作天成貞祐四年改閏一年平	一	一年
乣軍劉永昌	天賜	一	
乞奴	天祐 俱見類聚考	一	

元僭竊表 起世祖至元十七年庚辰，終順帝至正初。

姓氏別	建元別	改元次數	僭立年月
杜可用 南康都昌人	萬乘 世祖至元十七年四月改見元史本紀	一	
陳弔眼 或作邱細春	昌泰 至元十八年閏八月據漳州改元昌泰見本紀	一	
林桂芳 廣州新會人	延康 一作建康世祖至元二十年十一月改	一	
黃華 號頭陀軍	祥興 至元二十年十月仍稱宋祥興五年明年亡	一	

姓氏別	建元別	改元次數	僭立年月
楊鎮龍	安定 至元二十六年三月反據玉山十月平	一	八月
陳空崖 溫州妖人	正治 成宗大德元年十月改見類聚考	一	
朱光卿 廣州人	赤符 順帝至元三年正月改	一	
趙普勝 巢湖人	正朔 順帝至正初見明人史纂	一	

明僭竊表 起英宗正統九年甲子，終懷宗崇禎十年。

姓氏別	建元別	改元次數	僭立年月
葉宗留 慶元礦盜	泰定 英宗正統九年反十四年爲其黨陳鑑湖所殺見明史	一	五年有奇

姓氏別	建元別	改元次數	僭立年月
黃蕭養 廣州賊	東陽 正統十四年	一	

李珍 錢塘賊	天順 景泰七年	一	
李天保 麻城人	武烈 英宗天順中	一	
劉通 隕陽盜或作劉千斤	德勝 憲宗成化元年見白圭傳	一	
福建妖僧	天定 成化時見陳懋仁年號韻編	一	
寧藩宸濠	順德 武宗正德十四年六月反旋被擒伏誅	一	
順泰王 江津流賊	明正 正德中見馬氏韻覽	一	
張璉 廣東賊	造曆 世宗嘉靖三十八年見胡宗憲傳	二	
	龍飛 見紀元韻敘		
蔡伯貫 大足縣妖人	大寶 穆宗隆慶間見毛奇齡後鑒錄或云嘉靖四十四年時	一	
李文 固原賊	天眞混 神宗萬曆時見紀元韻敘	一	
万俟德 蔚州賊	元靜 一作玄靜天啓二年見頌天臚筆	一	
徐鴻儒 山東白蓮賊	興勝 一作大乘興勝天啓二年正月	一	
張惟元 廣東山賊	永興 崇禎元年見後鑒錄	一	
張普薇 馬廖洋民	天運 崇禎十年見王光承鎌山草堂集	一	
奢崇明 永寧宣撫	瑞應 見徐如珂平渝事略	一	
段鋇 妖賊	平定 一云改名趙可興改元大順平定見年號韻編	一	

姓氏別	建元別	改元次數	僭立年月
馬相 妖僧	圓明大寶 見歷代建元考	一	
黃金剛奴	龍鳳 見紀元韻敍韻寶云田九成	一	
田斌 山東賊	天淵 見紀元韻敍年號韻編作王斌	一	
僧省悟 鎮江妖僧	宏闡 見紀元韻敍	一	
妖僧明本	涵安 見年號韻編	一	

清僭竊表 起世祖順治元年甲申，終咸豐二年丁巳。未建元者不錄。

姓氏別	建元別	改元次數	僭立年月
孫可望 張獻忠部下	興朝 順治初年見明史	一	
劉守分	天定 順治元年九月反旋平見紀元類編	一	
胡守龍 陝西人	清光 順治二年六月反六年平見東華錄	一	四年有奇
蔣御恂 蘄縣庠生	中興 順治四年即平見顏習齋年譜	一	
東明土豪	天正 順治五年八月旋平見東華錄	一	
蕭惟堂 建寧人	天順 順治十八年旋平見楊青岩閩南紀事	一	

王耀祖遼東土會	大慶康熙四年三月旋平見東華錄	一	
楊起隆	廣德康熙十二年十二月即平見清史覺羅吉哈札傳	一	一月
耿精忠	裕民康熙十三年十月改十五年十月降	一	二年一月
魏枝葉雲南師宗人一云係李天極昆明人	文興康熙四十五年託言明桂王孫即平見清史貝和諾傳	一	
朱一貴臺灣人稱中興王	永和康熙六十年四月反旋平見平臺紀略	一	
林爽文漳州人	順天乾隆五十一年十一月反五十三年二月平	一	一年四月
黎樹湖北人	萬利嘉慶二年二月即平或云萬利王僞號大慶	一	一月
李明先桂陽人	洪順咸豐二年聚衆應洪秀全別稱洪順元年旋平	一	

歷代擬議不用年號表

國別	帝號別	建元別	擬議次數
宋	孝武帝	神爵漢宣帝有此號 神雀此號別見俳諧文	二
	武昌王渾	元光漢武帝金宣宗均有此號	一
梁	簡文帝	文明	一

唐	高宗	通乾	一
	德宗	天元（元寧宗有此號） 元慶（一云大慶）	二
宋	神宗	豐亨 美成 平成	三
	徽宗	執中靖國	一
	欽宗	慶祐	一

南宋	高宗	炎興（蜀後主有此號）	一
	元懿太子	明德（後蜀孟知祥有此號） 明受（一作朋受）	二
	孝宗	純熙 乾統（遼天祚帝有此號） 重熙（遼興宗有此號）	三
	理宗	乾淳 開興（金哀宗有此號）	四

		經平	
		至平	
金		新德宋訛傳此號見朝野雜記	一
明	世宗	紹治按此號已鑄錢 明良見紀元韻編	二
	廣通王徽煠	平武景泰二年見沈德符戊壬編	

	太子慈烺	義興闖賊傳擕見明季見聞雜錄	一
	定王慈炯	乾定蓋訛傳見夏完淳南都雜志	一
	福王	宏武	一
	桂王常瀛	興隆閩閩王立遂賤見珠江備錄	一
大西	張獻忠	天令	一

錢文年號 以僅見錢文或有譜可考者為限

光紹 光順 光大 光武 大世 大治 大明 大正 大千

大蜀 大唐 大齊 大宋 大元 大吉 大富 大生 大夏真

興　大朝金合　天淸豐樂　天策府寶　天瑞　天鎮　天佑　天宋
天資　文信　文永　文定　文統　文祿　文治　太聖　太貨
明命　明治　明四　明定　明正　定天　定元　定平　元平
元慶　元通　元隆　元順　元德　政平　政定　長年　長祿
聖宋　聖曆　聖元　聖通　嘉隆　嘉興　景興　景盛　景統
景元　景恩　永定　永治　永寧　永盛　永通萬國　永傳萬國
熙元　熙古　熙統　唐平　唐國　皇宋　皇元　皇恩　皇熙
開丹　開和　開建　開定　開泰　開基　正元　正和　安法
安康　安符　宣仁　宣定　平南　平安　平和　祥隆　祥宋
祥元　祥聖　祥光　紹隆　紹符　紹平　紹宋　紹元　紹豐
咸熙　咸紹　咸勳　咸元　建康　建國　建順　寶永　寶興
保立　保泰　洪順　洪德　漢元　漢聖　治元　治和　治承
隆平　隆興　延寧　延喜　乾天　乾文　乾符　應感　應聖

助國　順平　統元　宛仁　皇帝　久安　威烈　萬年　千秋
一定　三韓　海東　東國　朝鮮　承和　福平　享保　壯國
金世　世高　箱館　寬永　玄聰　崇明　昭統　周元　宋元
得壹　允裕　鎮國　寧民　晝隆　廣和　壽隆　和同　泰德
仙臺　端慶　慶長　立元　義通　重光　堅利　啓定　咸天
嗣德　常平　五行大布　趙寶重興　丹巡貼寶　巡貼千寶
百貼之寶　國寶金匱　富壽神寶　饒益神寶　招紹信寶　高昌吉利
承華普慶　重華萬壽　賜廣峙錢

道經雜記所載年號　以正史不載者爲限

赤明　龍漢　康泰　中皇　無極　元景　平初　上皇　天景
清虛　清寧　元元　開化　上和

右道經所載凡十四號

萬通蜀記　大亥　大美

神雀佛譜文

神電孫奕示兒編

天符絳州白雲洞有晉天符五年白雲子書佛經

妙觀瑯嬛記

風和雞肋編潁昌府城東北內鐵櫃鑄字云風和六年六月造

弘知虞記附見

海珍水族加恩簿

通容見濟瀆廟龍池石記

右雜記所載凡十一號

歷代建元考終

中華史地叢書
歷代建元考

作　　者／陶　棟　編
主　　編／劉郁君
美術編輯／中華書局編輯部

出 版 者／中華書局
發 行 人／張敏君
行銷經理／王新君
地　　址／11494 臺北市內湖區舊宗路二段181巷8號5樓
客服專線／02-8797-8396　　　傳　　真／02-8797-8909
網　　址／www.chunghwabook.com.tw
匯款帳號／兆豐國際商業銀行　東內湖分行
　　　　　067-09-036932　中華書局股份有限公司

法律顧問／安侯法律事務所
印刷公司／維中科技有限公司　海瑞印刷品有限公司
出版日期／2015年3月臺三版
版本備註／據1987年2月臺二版復刻重製
定　　價／NTD 232

國家圖書館出版品預行編目（CIP）資料

歷代建元考 / 陶棟編. -- 臺三版. -- 臺北市
: 中華書局, 2015.03
面 ; 公分. -- (中華史地叢書)
ISBN 978-957-43-2368-5(平裝)

1.中國史 2.年表

610.5　　104005850

NO.G0006
ISBN 978-957-43-2368-5（平裝）
本書如有缺頁、破損、裝訂錯誤請寄回本公司更換。

胡鈍俞著

詩經繹評

中華書局印行

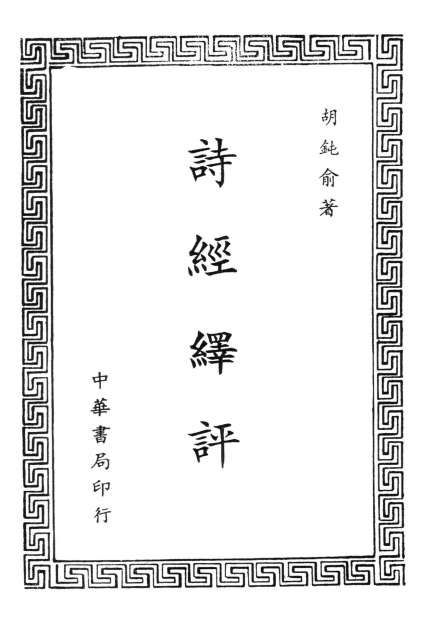

著者儷影

著者略歷

胡鈍俞（一九〇一——）以字行，江西省永新縣人。民十八年畢業國立中央大學。民二十二至二十五年入英國倫敦大學政治經濟學院研究。民二十六至三十年任國立中山大學教授，國立四川大學教授兼主任。民三十二年至三十五年任中國國民黨江西省黨部南京市黨部委員兼書記長。行憲第一屆立法委員迄今。民十八至二十一年任新聲雜誌發行人。民五十三年迄今，任夏聲雜誌發行人。民五十九年迄今，任中國詩季刊雜誌發行人。著作有：重慶版，論馬克斯主義；商務版，矛盾與平衡；中華版，在發展中的臺灣經濟；夏聲版，寧遠詩集；詩經繹評，唐詩千首選評。

目次

詩經繹評

胡鈍俞

一、詩之起源

㈠詩何爲而作也

古文詩作訨，从言从㞢（之字）詩者志之所之云耳。

朱熹詩經集傳序：「或有問於予曰，詩何爲而作也？予應之曰，人生而靜，天之性也；感於物而動，性之欲也。夫既有欲矣，則不能無思，既有思矣，則不能無言，既有言矣，則言之所不能盡，而發爲咨嗟咏歎之餘者，必有自然之音響節族（音奏）而不能已焉，此詩之所以作也。」

虞書：「詩言志。」鄭玄注：「詩所以言人之志意也。」

禮記樂記：「詩，言其志也。」

春秋說題解：「在事爲詩，未發爲謀，故詩之爲言志也。」

毛詩大序：「詩者，志之所之也。在心爲志，發言爲詩。情動於中而形於言；言之不足，故嗟歎之；嗟歎之不足，故永歌之；永歌之不足，不知手之舞之，足之蹈之也。」

班固漢書藝文志：「哀樂之心感，而歌詠之聲發。」

劉勰文心雕龍：「詩者，持也，持人性情；人稟七情，應物斯感，感物吟志，莫非自然。」

何休公羊傳注：「五穀畢，人民皆居宅，男女同巷，相從夜績，從十月盡正月止，男女怨恨相從而歌，飢者歌其食，勞者歌其事。」

鍾嶸詩品：「氣之動物，物之感人，故搖蕩性情，形諸舞詠，照燭三才，暉麗萬有，靈祇待之以致饗，幽微藉之以昭告，動天地，感鬼神，莫近乎詩。……若乃春風春鳥，秋月秋蟬，夏雲暑雨，冬月祁寒，斯四候之感諸詩者也。嘉會寄詩以親，離群託詩以怨。至於楚臣去境，漢妾辭宮，或骨橫朔野，或魂逐飛蓬，或負戈外戍，殺氣雄邊，塞客衣單，孀閨淚盡，或士有解珮出朝，一去忘返；女有揚蛾入寵，再盼傾國。凡斯種種，感蕩心靈，非陳詩何以展其義，非長歌何以騁其懷。故曰，詩可以群，可以怨，使窮賤易安，幽居靡悶，莫尚於詩矣。」

徐禎卿談藝錄：「情者心之精也。情無定位，觸感而興，既動於中，必形於聲。故喜則爲笑啞，憂則爲吁戲，怒則爲叱咤。然引而成音，氣實爲佐，引音成詞，文實與功。蓋因情以發氣，因氣以成聲，因聲而繪詞，因詞而定韻，此詩之源也。」

人秉七情，曰喜、怒、哀、懼、愛、惡、欲。天生蒸民有欲，如飲食、男女、衣住、責任、榮譽。人爲萬物之靈，爲富於感情之動物，賦有靈敏之感覺。心有所欲，愛惡所發；心有所感，悲歡所生；自不能不抒發其胸臆，而傾瀉其情懷。有欲斯有思，有思斯有感，有感斯有應，應而後有聲，聲而後有言，宣之於口，而歌唱生焉。

㈡歌詠所興宜自生民始也

沈約宋書謝靈運傳論：「民稟天地之靈，含五常之德，剛柔迭用，喜慍分情。夫志動於中，則歌詠外發，六義所因，四始攸繫，升降謳謠，紛披風什。雖虞夏以前遺文不覩，稟氣懷靈，理或無異，然則歌詠所興，宜自生民始也。」

詩歌之初生，亦祇適性表情而已，初無篇什格調之分，韻音節奏之別。人事漸繁，心靈愈啓，長言謳歎，寖有吟詠。天民之秀傑者，順蚩氓之心，導于喁之情，使其持續歷久，興會淋漓，將簡單之謳吟，加以剪裁損益，協韻合奏，而成爲咨嗟咏歎之詩歌。詩歌之產生，由於情感之抒發，情感爲詩歌之要素，詩歌以情感爲主宰，誠爲文學之最先發達者也。原始部落民族，如臺灣高山族，各有世代流傳之地方歌曲，每值燕樂、戀慕、祭祀、節典，歌舞達旦。即半開化地區之鄉村中，山歌、農歌、漁歌，亦流行於農夫、漁夫、樵夫、牧子，及採茶女、採桑女之間。口傳耳受，熟誦默記，或被淘汰，間有增益，子以傳孫，孫以傳子，世代相承，永垂無替。詩歌產生於文字之先，而與人生俱始也。詩歌與人生以俱來，人生之經歷，即詩歌之範疇。初期詩歌，或由於男女之戀慕，或由於親族之燕饗，或祭祀天地、鬼神、祖先，或慶祝豐年、節典、戰功，或贊揚有勇有力，保護全體之征戰領袖，或敍述可歌可泣，世代相傳之歷史事故。人生之境界愈大，而詩歌之領域亦愈廣矣。

㈢自有文字即有文字記載之詩

口角流傳之詩，與人生而俱始，而文字記載之詩，究始於何時？曰，自有文字，即有文字記載之詩也。蓋文字發明之後，金石甲骨竹木，皆可刻記文字，以代默記。詩歌爲賦有神韻節奏之語言，且爲人民所愛好，或爲獨歌，或爲合唱，互相教習，世代流傳，爲備忘記，爲助傳閱，決不至放棄文字之工具而不用。然古代詩歌，流傳絕少，有之亦或被誤爲僞作，是則另有其原因。

蓋詩歌原無專書，如後世詩選詩鈔之類，自然易於散佚，即有小部落之優秀人士，將其本地流傳之詩歌，刻之竹簡，以供應用，但因簡本不多，流傳不廣，而致消失。上古氏族與氏族間，部落與部落間，以及權力統一者與各地方各民族之戰爭，幾無寧日。較著者神農阪泉之戰，黃帝與蚩尤涿鹿之戰，舜禹征伐三苗之戰，禹啓征伐有扈之戰，太康失國，少康中興，其間與后羿，寒浞等之長期戰爭，商湯伐桀，武王伐紂之戰，周以後犬戎及其他夷戎蠻狄之入侵，迨至春秋戰國，幾乎無時不在戰爭之中。此種文字記載之詩歌，未易逃出烽火之劫運。大禹治水成功以前，洪水茫茫，大浸稽天，秦始皇統一以後焚燒詩書，除醫藥卜筮之書，皆難倖免，此文字記載之詩，又焉能逃避此水火雙重之災害？漢代以還，文人著書立說，最愛附會古人，故其著作，致被後人指爲僞書，但其中收集詩歌，或採之於民間父老之傳聞，或取之於斷竹殘簡，雖或非本來面目，亦不致完全臆造；後儒最重考據，凡成疑問，概遭摒棄，此種詩歌，應無假託之價值與必要，即令臆造，亦難合該詩歌之時代精神與文化氣氛。古代留傳之詩歌，似不必多加懷疑，列於僞作。惟因受鄭玄詩譜序所言之影響，而多斷定詩歌肇於唐虞，此古詩之不幸也。鄭玄，詩譜序云：「詩之興也，諒不出於上皇之世。大庭、軒轅，逮於高辛，其時有無，載籍亦蔑云焉。虞書曰：『詩言志，歌永言，聲依永，律和聲。』；然則詩之道，放於此乎。」

許愼說文敍：「黃帝之史蒼頡，見鳥獸蹄跡之蹟，知分理之可相別異也，初造書契。」黃帝時代，約在西歷紀元前二七〇四至二五九五年，距今約四千餘年。荀子謂古代造書者衆，足徵蒼頡之前，已有文字，蒼頡將文字整齊劃一，不容增損而已。」章太炎云：「蒼頡者，蓋始整齊劃一，下筆不容增損，由是率爾著形之符號，始爲約定俗成之文字。」

依據近人對史前之發掘，兩萬年前，中國華北即有人類居住，一萬年前爲舊石器時代，即有文化，五千年前新石器時代，爲極進步之農業社會。中國文字之產生，當在新石器時代，中國古代詩歌之記載，應不遲於新石器時代。

(四)大庭軒轅疑其有詩者

孔穎達毛詩正義：「大庭，神農之別號。大庭、軒轅，疑其有詩者，大庭以還，漸有樂器，樂器之音，逐人爲辭，則爲詩之漸，故疑有之也。禮記明堂位曰：『土鼓蕢桴葦籥，伊耆氏之樂也。』注云：『伊耆氏古天子號。』禮運云：『夫禮之初，始諸飲食，蕢桴而土鼓。』註云：『中古未有釜甑，而中古謂神農也。』郊特牲云：『伊耆氏始爲蠟，蠟者爲田報祭。』按易繫辭，稱神農始作耒耜，以教天下，而蠟起神農矣。二者相推，伊耆、神農，並與大庭爲一。大庭有鼓籥之器，黃帝有雲門之樂，至周尚有雲門，明其聲音和集，既能和集，必不空弦，弦之所歌，即是詩也。」

初民之詩歌與音樂，是未分化之混合物。中國樂器，發明最早，音樂與舞蹈亦早發達。世本稱伏羲作瑟，女媧作笙簧。孔穎達稱女媧作笙中之簧。古史考亦謂伏羲作瑟。說文稱神農作古琴。禮記亦稱女媧作笙簧。史記稱黃帝時伶倫作籥笛：「黃帝令伶倫往崑崙之西，伐嶰谷之竹，斬之作管，橫吹爲笛，直吹爲簫，聽其音有如鳳鳴。」世本載竽爲女媧之臣隨所作，管爲蘇成公所作。樂器既如此之發達，而文字又創造完成，文字記載之詩歌，必然產生，推究其時，必在神農、黃帝間也。

二、詩經外之逸篇

欲窮詩源，詩經外之古歌謠，不應摒棄，雖殘章斷句，然皆零璣碎玉，古代文學之瓌寶也。惟多採諸後出之書，眞僞難辨，年代更有問題。或有戰國時之產品，或有漢後之僞作，年代緜邈，考證爲難，祇就文學意義上，予以採錄，其眞僞及年代，祇好闕疑。最古詩歌，僅憑口傳，歷時既久，自歸消滅。自有文字以後，記錄成文，諒亦不多，復經長期水火兵災，消失殆盡，今所存者，率多出於口傳或追記，已失本來面目，時移世變，訛誤損益，更所不免。

楊愼（升菴）著風雅逸篇，內分十卷。第一卷錄黃帝彈歌至伯夷薇歌。第二卷錄琴操歌謠詞曲三十一篇。第三卷錄石鼓詩十章。第四卷錄逸詩篇名斷章存者十篇，有句亡篇名存者四十四條。第五卷錄經傳所載孔子歌辭，及諸事涉孔子者二十二篇。第六卷、七卷錄魯衞齊晉鄭宋吳趙成徐秦楚，君臣民庶婦女胥靡俳優雜歌謳操曲誦祝相曲。第八卷錄古諺古語古言鄙詩鄙語野語俗語故語民語不恭之語百五十條。第九卷錄荀卿成相雜詩三章，佹詩一章，附蘇秦上秦王詩。第十卷錄葛天氏八闋訖于師延濮角，有篇目，逸其辭，存其名義。

玆就風雅逸篇及其他古籍所載，有文學價值及詩歌意味者，分三時期選錄於後。

㈠大庭軒轅逮於高辛

葛天氏有玄鳥在曲之樂辭，並歌八闋，具有篇名而辭已亡。呂氏春秋古樂篇：「葛天氏之樂，三人摻牛尾，投足以歌八闋。一曰載民，二曰玄鳥，三曰遂草木，四曰奮五穀，五曰敬天常，六曰達帝功，七曰依帝德，八曰總萬物之極。」楚辭大招篇王逸注，謂伏羲作瑟，曾造駕辨之曲。隋書樂志，謂伏羲因教漁而製網罟之歌。夏侯玄辨樂論，謂神農有豐年之詠。孝經緯謂伏羲樂有立基有扶來；神農有樂曰下謀曰扶持。但皆祇有曲名，而歌辭盡失。

禮記郊特牲，謂伊耆氏爲蜡，蜡者索也；歲十二月，合聚萬物而索饗之也。祝辭曰：「土反其宅，水歸其壑，昆蟲毋作，草木歸其澤。」吳越春秋：「越王欲謀復吳，范蠡進善射者陳音；音，楚人也。越王請音而問曰：『孤聞子善射，道何由生？』音曰：『臣聞弩生於弓，弓生於彈，彈起於古之孝子，不忍見父母爲禽獸所食，故作彈以守之。歌曰：斷竹，續竹，飛土，逐宍（肉字）。』」文心雕龍謂斷竹、續竹，爲二言之始，爲黃帝時詩。神農時農業已甚發達，不應無伊耆氏祝辭一類之田祭歌詞；黃帝時已有弓矢，應亦可產生弩生於弓，弓生於彈之類之斷竹歌。且此二歌詞，有辭有韻，短簡古奧，木質無文，不類周秦文字，奚論漢魏，應可存信。此二歌辭，出自禮記及吳越春秋，雖爲後出之書，不能謂其非得之傳聞，或採之殘簡也。

黃帝時，詩歌甚多，除上述斷竹歌外，尚有水經注所載之渡漳歌。黃帝戰蚩尤，追至漳河，無法涉渡，乃命伶倫作渡漳歌，雄壯歌聲中渡漳河，敗蚩尤。此可謂爲最古之軍歌。

漢書禮樂志，載黃帝使岐伯作短簫鐃歌，以揚德建武勸士諷敵，爲後代鐃歌之嚆矢，惜辭無傳耳。僞歸藏載黃帝時桴鼓曲十章，一曰雷震驚，二曰猛虎駭，三曰鷙鳥擊，四曰龍媒蹀，五曰靈夔吼，六曰鵰鶚爭，七曰壯士奪志，八曰熊羆哮峪，九曰石蕩崖，十曰波盪壑。其性質屬於軍歌。太公兵法引黃帝語：「日中不彗，是謂失時，操刀不割，失利之期，執柯不伐，賊人將來，涓涓不塞，將爲江河，熒熒不救，炎炎奈何，兩葉不去，將用斧柯，爲虺勿摧，行將爲蛇。」大戴記，載黃帝丹書：「敬勝怠者吉，怠勝敬者滅；義勝欲者從，欲勝義者凶。」說苑敬愼篇載金人銘，文心雕龍載祝邪文，皆傳爲黃帝所作，莊子謂黃帝時有焱氏頌，漢書謂有黃帝銘六篇，蔡邕銘論謂黃帝有巾几之法。

(二)唐虞夏商

唐堯有歌三首，爲擊壤歌、康衢歌、堯戒。後二者爲民歌。

擊壤歌

帝王世紀，帝堯之世，天下太和，百姓無事，有老人擊壤而歌曰：

日出而作，日入而息，鑿井而飲，耕田而食，帝力於我何有哉？

歌辭清新明晢，意暢辭達，極不似陶唐時之文字。帝王世紀，原爲僞書，此詩當非古制。壤，古遊戲之具，困學紀聞引周處風土記，壤以木爲之，前廣後銳，長尺三寸，其形如履，先倒一壤於地，遙於三四十步，以手中壤擊之，中者爲上。三才圖會，亦有同樣記載。隨園詩話：「不知堯之時，安得有木壤，果有之，又何得歷夏商周而不一見於詠樂耶？要知周處風土記，亦宋人僞作。」惟該歌之結構與辭句，爲極好之詩歌。

康衢歌

列子：帝治天下五十年，不知天下治與不治與？億兆願戴己與？乃微服遊於康衢，聞兒童謠云：立我蒸民，莫匪爾極，不識不知，順帝之則。

四句皆曾見古詩中，未識誰先誰後。惟四句連詠，極似光天化日下小百姓之歌頌語氣。

堯戒(見淮南子人間訓)

戰戰慄慄，日謹一日，人莫躓于山，而躓于垤。

語嚴肅而意深長，古聖君憂勤惕勵語也。

箕山歌

夏侯元云，許由作箕山歌：

登彼箕山兮，瞻望天下，山川麗崎，萬物還普，日月運照，靡不記睹，游技其間，何所却慮，歎彼唐堯，獨自愁苦，勞心九州，憂勤后土，謂予欽明，傳禪易祖，我樂如何，蓋不盼預，河水流兮緣高山，甘瓜施兮葉緜蠻，高林肅兮相錯連，居此之處傲唐君。

虞舜有賡歌、卿雲歌、南風歌。

賡歌

虞書，舜帝庸作歌曰：

勑天之命，惟時惟幾。

帝乃歌：

股肱喜哉，元首起哉，百工熙哉。

臯陶賡載歌：

元首明哉，股肱良哉，庶事康哉。

臯陶又歌：

元首叢脞哉，股肱惰哉，萬事墮哉。

古聖君以君明臣良互相勉勵，深見警惕之至意。

卿雲歌

尚書大傳，舜將禪禹，於是俊乂百工，相和而歌卿雲，帝倡之，八伯咸稽首而和，帝乃載歌：

卿雲爛兮，糺縵縵兮，日月光華，旦復旦兮。

八伯和歌：

日月有常，星辰有行，日月光華，弘於一人。

帝載歌：

日月有常，星辰有行，四時從經，萬姓允誠。於予論樂，配天之靈，遷於賢善，莫不咸聽。鼚乎鼓之，軒乎舞之，菁華已竭，褰裳去之。

此詩，甚似周漢時之筆墨，而極具詩歌化。前國民政府，用此詩前四句以爲國歌。

南風歌

孔子家語，舜彈五絃之琴，歌南風之詩：

南風之薰兮，可以解吾民之慍兮。南風之時兮，可以阜吾民之財兮。

孔子家語後出，其辭句不似唐虞時之文章，故疑爲僞作。

夏詩除五子之歌外，有下列數首。

夏后鑄鼎歌（見困學紀聞）

逢逢白雲，一南一北，一西一東，九鼎既成，遷於三國。

北與國爲韻，而以一西一東間之，章法甚奇。

夏諺（見孟子）

吾王不遊，吾何以休，吾王不豫，吾何以助，一遊一豫，爲諸侯度。

弔陶唐（見左傳）

惟彼陶唐，帥彼天常，有此冀方，今失其行，亂其紀綱，而乃滅亡。

墨子一首

渝食于野，萬舞翼翼，章聞于天，天用弗式。

新序刺奢篇

桀作瑤臺，罷民力，殫民財，爲酒池糟隄，從靡靡之樂，一鼓而牛飲者，三千人，群臣相持作歌曰：

江水沛沛兮，舟楫敗兮，我王廢兮，趣歸薄兮，薄亦大兮，樂兮樂兮，四牡蹻兮，六轡沃兮，去不善而從善，何不樂兮。

殷墟甲骨文字，鐘鼎彝器，表現高度文化，但商代流傳之詩不多。

麥秀歌

史記宋微子世家：箕子朝周，過殷故墟，感宮室毀壞生禾黍，箕子傷之，欲哭則不可，欲泣爲其近婦人，乃作麥秀之詩以歌咏之，殷民聞之，皆爲流淚，其詩曰：

麥秀漸漸兮，禾黍油油，彼狡童兮，不與我好兮。

采薇歌

史記：武王已平殷亂，天下宗周，而伯夷叔齊恥之，義不食周粟，隱於首陽山，采薇而食之，及餓且死作歌，其辭曰：

登彼西山兮，采其薇矣，以暴易暴兮，不知其非矣。神農虞夏，忽焉沒兮，我安適歸矣。吁嗟徂兮，命之衰矣。

以暴易暴，不知其非，意志最爲堅強，說法亦甚新穎。

㈢周代

白雲謠

穆天子傳：乙丑觴西王母於瑤池之上，西王母爲天子謠曰：

白雲在天，丘陵（古陵字）自出，道里悠遠，山川間之，將子無死，尙復能來。

神韻悠揚，境界高超，事屬瑤池，語出神仙。兩句與兩句之間，毫無關連，而意義婉轉相接，眞神品也。李白詩庶幾近之。

飯牛歌

淮南子：甯戚欲干齊桓公，因窮無以自達；于是爲商旅，將任車以商於齊，暮宿於郭門外。桓公迎郊客，夜間，避任車，爝火甚衆，戚飲牛車下，擊牛角而疾商歌，桓公聞之曰：異哉！非常人也。命後車載之，因授以政。其歌曰：

南山矸，白石爛，生不逢堯與舜禪。短布單衣適至骭，從昏飯牛薄夜半，長夜漫漫何時旦。

滄浪之水白石粲，中有鯉魚長尺半，敝布單衣裁至骭，清朝飯牛至夜半，黃犢上坂且休息，吾將舍汝相齊國。

出東門兮厲石班，上有松柏青且闌，麤布衣兮縕縷，時不遇兮堯舜主，牛兮努力食細草，大臣在爾側，吾當與汝適楚國。

慷慨歌

歌見孫叔敖碑，與史記滑稽傳所載相類。史記：楚相孫叔敖死，其子窮困負薪。優孟憐之，即爲孫叔敖衣冠，抵掌談語，歲餘像孫叔敖，楚王置酒，優孟前爲壽。王大驚以爲孫叔敖復生也，欲以爲相。優孟曰：楚相不足爲也！孫叔敖爲相，盡忠爲廉，王得以伯；今死，其子貧負薪，必如孫叔敖，不如自殺，因歌云云。王乃召孫叔敖子，封之寢丘。其歌曰：

貪吏而不可爲而可爲，廉吏而可爲而不可爲。貪吏而不可爲者當時有污名；而可爲者，子孫以家成。廉吏而可爲者，當時有清名；而不可爲者，子孫困窮被褐而負薪。貪吏常苦富，廉吏常苦貧。獨不見楚相孫叔敖廉潔不受錢。

起首以可爲不可爲，反覆言之，如力士角鬪，怒目攘臂，露筋暴骨。詩起句之佳，無踰此者。承二小段亦精到。「貪吏常苦富，廉吏常苦貧。」雙句鎖住，且成爲千古名言，並應首二句，將廉吏之不可爲說透。而末一句將廉潔之孫叔敖指出，如畫龍點睛，眞千古絕唱，無怪楚王之動聽也。

獲麟歌

孔叢子：叔孫氏之車子鉏商，樵於野而獲麟焉，以爲不祥，夫子往觀焉，泣曰：「麟也，麟出而死，吾道窮矣。」歌曰：

唐虞之世麟鳳遊，今非其時來何求，麟兮麟兮我心憂。

龜山操

琴操：季桓受齊女樂，孔子欲諫不得，退而望魯龜山作歌，喻季子之蔽魯也。其辭曰：

予欲望魯兮，龜山蔽之，手無斧柯，奈龜山何。

盤操（見琴操）

乾澤而漁，蛟龍不遊，覆巢毀卵，鳳不翔留，慘予心悲，還原息陬。

接輿歌（見莊子）

天下有道，聖人成焉；天下無道，聖人生焉。方今之時，僅免刑焉。福輕乎羽，莫知所載；禍重乎地，莫之知避。已乎已乎，臨人以德；殆乎殆乎，畫地而趍（音促）。迷陽迷陽，無傷吾行，吾行卻曲，無傷吾足。

楚狂接輿歌（見論語微子）

鳳兮鳳兮，何德之衰也。往者不可諫，來者猶可追，已而！已而！今之從政者殆而。

魯哀公六年，孔子自楚返衞，聞其歌，欲下車而與之談，楚狂避之。此詩與前詩接輿歌，意略同而辭各異。

孺子歌（見孟子離婁）

滄浪之水清兮，可以濯我纓；滄浪之水濁兮，可以濯我足。

楚辭漁父篇引用此詩。

漁父歌

吳越春秋：伍員奔吳，追者在後，至江，江中有漁父，子胥呼之，漁父欲渡。因歌云云。子胥止蘆漪，漁父又歌云云。既渡，漁父視之有飢色，曰：「爲子取餉。」漁父去，子胥疑之，乃潛深葦中。漁父來，持麥飯，鮑魚羹，盎漿求之，不見，因歌而呼之云云。子胥出，飲食畢，解百金之劍以贈，漁父不受，問其姓名不答。子胥誡漁父曰：「掩子之盎漿，無令其露。」漁父諾。胥行數步，漁父覆船，自沉於江。

日月昭昭乎寖已馳，與子期乎蘆之漪。

日之夕矣，予心憂悲，月已馳兮，何不渡爲，事寖急兮將奈何。

蘆中人，豈非窮士乎。

徐人歌

劉向新序：延陵季子將聘晉，帶寶劍，徐君不言而心欲之，季子未獻也，然其心已許之。使反而徐君已死，季子於是以劍帶徐君墓樹而去，徐人爲之歌：

延陵季子兮不忘故，脫千金之劍兮帶丘墓。

越人歌（見劉向說苑）

今夕何夕兮，搴洲中流。今日何日兮，得與王子同舟。蒙羞被好兮，不訾詬恥。心幾煩而不絕兮，得知王子。山有木兮木有枝，心說君兮君不知。

屈原前二百餘年，楚康王母弟鄂君子晳，泛舟於新波之中，乘青翰之舟，張翠蓋，會鐘鼓之音，越人擁楫而歌。於是鄂君乃揄修袂，行而擁之，舉繡被而覆之。其歌辭由越語譯爲楚文。

以上接輿歌、楚狂接輿歌、孺子歌、漁父歌、徐人歌、越人歌六篇，皆爲楚歌，是騷體之濫觴也。

偕隱歌

琴淸英云，祝牧與其妻偕隱，乃作歌：

天下有道，我黻子佩；天下無道，我負子戴。

越謠歌

風土記：越俗性率朴，初與人交有禮，封土壇祭以鷄犬，祝曰：

君乘車，我戴笠，他日相逢下車揖；君擔簦，我跨馬，他日相逢爲君下。

琴歌

列女傳：齊人杞梁殖襲莒戰死，其妻哭於城下，七日城崩，故琴操云殖死，其妻援琴作歌曰：

樂莫樂兮生相知，悲莫悲兮生別離。

烏鵲歌

彤管集：韓憑爲宋康王舍人，妻何氏美，王欲之，捕舍人築靑陵之臺。何氏作烏鵲歌以見志，遂自縊。

南山有烏，北山張羅；烏自高飛，羅當奈何？

烏鵲雙飛，不樂鳳凰；妾是庶人，不樂宋王。

渡易水歌

史記燕太子丹使荆軻刺秦王，至易水之上，既祖且道，高漸離擊筑，荆軻和而歌，爲變徵之聲，士皆垂涕涙泣。又前而歌曰：

風蕭蕭兮易水寒，壯士一去兮不復還。

蕭蕭而寒，寫盡易水祖別之淒涼慘黯；一去不還，寫盡荊卿此去之慷慨悲壯。至今讀之，猶聞變徵之聲，人間妙文，不在辭句之多也。

太公兵法引黃帝語（見古逸諸語）

日中不彗，是謂失時。操刀不割，失利之期。執柯不伐，賊人不來。涓涓不塞，將爲江河。熒熒不救，炎炎奈何。兩葉不去，將用斧柯。爲虺弗摧，行將爲蛇。

六韜（見古逸諸語）

天下攘攘，皆爲利往；天下熙熙，皆爲利來。

列子

人不婚宦，情欲失半；人不衣食，君臣道息。

韓非子

奔車之上無仲尼，覆舟之下無伯夷。

三、詩之采集與刪定

㈠采詩獻詩

詩爲民情之流露，民意之反應。誠如孔穎達毛詩正義所言：「若政遇醇和，則歡娛被於朝野；時當慘黷，亦怨刺行於詠歌。」王者欲知俗尚美惡，政治得失，必采集民間詩歌，以資參證。三代尤其周代，采詩爲最重要之政治工作。左傳襄公十四年引夏書：「遒人以木鐸徇於路，官師相規，工執藝事以諫。」杜預左傳注云：「遒人，行人之官；木鐸木舌金鈴徇於路，求歌謠之言。」漢書藝文志：「古有采詩之官，王者所以觀風俗，知得失，自考正也。」劉歆與揚雄書：「三代周秦軒車使、遒人、使者、以八月巡路，求代語，童謠歌戲。」因地域廣濶，政府設官采詩，不敷應用，亦調用人民之年高者，參加采詩工作。採集之後，自鄉層轉於天子。何休公羊傳注：「男年六十女年五十無子者，官衣物之使之民間求詩，鄉移於邑，邑移於國，國以聞於天子。」此爲設官專司，自上而下之采詩。亦有分層陳獻，自下而上之獻詩。天子或巡守，命諸侯或太師陳詩，或聽政，使公卿列士獻詩。太師將結集之詩，調以音律獻之天子，是謂獻詩。並使歌工，誦諫於朝。禮記王制：「天子五年一巡守，歲二月東巡守，命太師陳詩，以觀民風。」國語周語：「故天子聽政，使公卿至列士獻詩。」國語晉語：「吾聞古之時，王者德政既成，又聽於民，於是乎使工誦諫於朝，在列者獻詩，使勿兜（惑）也。」漢書食貨志：「孟冬之月，行人振木鐸徇於路，以采詩，獻之太師，比其音律，以聞於天子。」毛詩卷阿傳：「明王使公卿獻詩，以陳其志，遂爲工師之歌焉。」朱熹詩經集註：「諸侯采之（指國風）以貢於天子，天子受之而列於樂官，於以考俗尚之美惡，而知其政治之得失焉。」鄭玄詩譜：「武王伐紂，定天下，巡守述職，陳誦諸風之詩，以觀民風俗。」崔述讀風偶識，持相反之意見：「余按克商以後，下逮陳靈，近五百年，何以前三百年，所採甚少？後二百年所採甚多？周之諸侯，千八百國，何以獨此九國有風可採，而其餘無之？……且十二國風中，東遷以後之詩居其大半，而春秋之策，王人至魯，雖微賤無不書者，何以絕不見有采風之使？乃至左傳之廣搜博採而亦無之，則此言出於後人臆度無疑也。」近人陸侃如所著中國詩史，附和崔說，且以漢人設樂府以採民謠，爲後儒對周采詩臆想之導因，崔、陸二氏懷疑采詩之說，實未見堅強之理由。所謂前三百年采詩甚少，或因犬戎之難，詩帙淯失，或因後二百年，新詩盛興，舊詩淘廢，且前後期詩歌之多少，與采詩制度之有無不成直接關聯之影響，或多或少，亦可推爲時代風尚，工作效率問題。所謂周之諸侯，千八百國，亦不足徵信。左傳昭公二十八年載成鱄之言：「武王克商，光有天下，其兄弟之國者，十有五人，姬姓之國者四十人。」荀子儒效篇：「周公兼制天下，立七十一國，姬姓獨居五十三人。」葛賢寧中國詩史：「見於春秋和左傳者，合計得一百七十國，其中百三十九國知其所居，三十一國已亡其處。」春秋大事表所載，並古國計算，凡二百有九國。國風所分佈之地域，包括甘肅、陝西、山西、河南、河北、山東、湖北諸省。佔周代行政區域四分之三，爲政治、文化、經濟之中心。已足以代表詩經時代之領域矣。

顧炎武提及黎、許、吳、楚、滕、薛、虢、蔡、無詩列入詩經。其日知錄卷三：「許無風，而載驅之詩錄於鄘。黎無風，而式微，旄邱之詩錄於邶。聖人闡述之旨，興滅之心也。」又曰：「吳楚之無詩，以其僭王而夷之與？非也。太師之本無也。楚之先熊繹辟在荊山，篳路藍縷，以處草莽，惟是桃弧棘矢、以共禦王事，而周無分器，岐陽之盟，楚爲荊蠻，置茅蕝，設望表，與鮮牟守燎而不與盟。是亦無詩之可采矣。況於吳自壽夢以前未通中國者乎？滕薛之無詩，微也。若乃虢檜皆爲鄭滅，而虢獨無詩。陳蔡皆列春秋之會盟，而蔡獨無詩，有司失其傳爾。」又曰：「列國之風何以無魯？太師陳之，固曰魯詩，不謂之頌矣。孔子魯人也，從魯而謂之爲頌，此如魯史之書公也。然而泮水之文，則固魯侯也。」春秋列國，其無詩列入詩經者尚多，則皆另有其原因。或無詩可采，或有詩失傳，或未推行采詩制，或爲他國歸併，或僻在邊陲不通中國，或雄霸一方，與中原隔絕，或國微地小無代表之作。凡斯種種，皆足被摒絕於詩經之外，而與采詩制度，不應發生絲毫之影響。所謂春秋、左傳，未書采風之使，或各國諸侯，各自負責采風，貢於天子，其他各國無至魯采風之必要，亦無互相采風之必要，或王室日漸衰微，采風之制，亦日趨消沉，甚或大部份已告停止。或采風爲普遍及例行之事，亦無特書之必要。采詩獻詩之事，出於漢代之書，去古未遠，所言當有所本。漢代設置樂府，是受采詩制度之影響；陸侃如以漢人根據漢代樂府而生采詩制之臆度，未免倒因為果。詩經時代，交通不便，如非用采詩獻詩之制，散在各地之民間詩歌，又將如何而結集耶？

㈡孔子定詩

詩經三百五篇，分為風，雅，頌。風分為十五國，共一百六十篇。周南十一篇，召南十四篇，邶風十九篇，鄘風十篇，衞風十篇，王風十篇，鄭風二十一篇，齊風十一篇，魏風七篇，唐風十二篇，秦風十篇，陳風十篇，檜風四篇，曹風四篇，豳風七篇。雅分小雅大雅，小雅七十四篇，大雅三十一篇。頌四十篇，周頌三十一篇，魯頌四篇，商頌五篇。

史記孔子世家：「古者詩三千餘篇，及至孔子，去其重，取可施於禮義。上采契，后稷，中述殷周之盛，至幽厲之缺，始於衽席，故曰：關雎之亂，以為風始；鹿鳴為小雅始；文王為大雅始；清廟為頌始；三百五篇，孔子皆弦歌之，以求合韶武雅頌之音，禮樂自此可得而述，以備王道成六藝。」陸德明經典釋文：「孔子最先删錄，既取周，上兼商頌，凡三百十一篇。」論語：「吾自衞返魯，然後樂正，雅頌各得其所。」歐陽修曰：「馬遷謂古詩三千餘篇，孔子删存三百。鄭學之徒，以遷為謬。予考之，遷說然也。今書傳所載逸詩，何可數也。以鄭康成詩譜圖推之，有更十君而取一篇者，又有二十餘篇而取其一篇者，由是言之，何啻三千？」邵康節曰：「仲尼刪詩十去其九。諸侯千有餘國，風取十五，西周十有二王，雅取其六，蓋善惡明著者存焉耳。」程子曰：「虞之君臣，迭相賡和，始見於書。夏、殷之世，其傳鮮矣。至周而益文，所傳者多。夫子刪之，得三百篇可以垂世立教。」朱子曰：「王迹熄而詩亡，其存者謬亂失次，孔子自衞返魯，復得之它國以歸，定著爲三百篇。」

所謂「三百五篇，孔子皆弦歌之，以求合韶武雅頌之音。」已無疑問。所謂古詩三千餘篇，孔子刪定爲三百五篇，而刪定之標準，爲去其重複，取其可施於禮義，則未可置信也。史記言孔子之時，周室微而禮樂廢而詩缺。又謂詩書雖缺，而虞夏之文可知。足見在孔子時，詩已殘缺不全矣。論語曰：「詩三百」又曰：「誦詩三百」。墨子公孟篇：「誦詩三百，絃詩三百，歌詩三百，舞詩三百。」荀子、莊子，俱有詩三百之記載。孔子家語，載哀公問郊，亦曰「臣誦詩三百」左傳魯襄公二十九年傳述季札觀樂，自「爲之歌周南召南」至「爲之歌頌」其次序與詩經大略相同，春秋時朝聘盟會，以賦詩爲常事，所賦之詩多在三百五篇之內。魯襄公二十九年及其他朝聘盟會賦詩之事，皆在孔子前，可證詩三百五篇，孔子以前，已有通行本，樂工通習，士人傳研，並非由三千餘篇，刪訂而成。唐孔穎達毛詩正義，首提駁斥：「如史記之言，則孔子之前，詩篇多矣。案書傳所引之詩，見在者多，亡逸者少，則孔子所錄，不容十去其九，馬遷言古詩三千餘篇，未可信也。」孔穎達左傳襄公二十九年傳疏：「季札歌詩，風有十五國，其名皆與詩同，惟次第異，則仲尼以前，篇目先具，其所刪削，蓋亦無多。史記云，古詩三千餘篇，孔子取三百五篇，蓋馬遷之謬。」鄭樵刪詩辨：「按書傳所引之詩，見在者多，亡逸者少，則夫子所錄，不容十去其九。」崔述讀風偶識：「孔子刪詩，孰言之？孔子未嘗言之也，史記言之耳。孔子曰，鄭聲淫，是鄭多淫詩也。孔子曰，誦詩三百，是詩止有三百，孔子未嘗刪也。學者不信孔子所自言，而信他人之言，甚矣其可怪也。」崔氏又云：「曰，孔子所刪也。然成康之世，施化大行，刑措不用，諸侯賢者多，其民豈無稱功頌德之詞，何以盡刪其盛而獨存衰？伯禽之治，郇伯之功，亦卓卓者，豈尚不如鄭衞，而反刪此存彼，意何居焉？」江永，鄉黨圖考：「夫子未嘗刪詩，詩亦自有淫聲，而世家云，古者詩三千餘篇，孔子去其重可施於禮義，三百五篇，孔子皆絃歌之，以求合韶武雅頌之音，此史遷之妄說。」趙翼陔餘叢考：「司馬遷謂古詩三千餘篇，孔子刪之爲三百五篇，孔穎達，朱彝尊皆疑古詩本無三千。今以國語，左傳二書所引之詩較之，國語引詩凡三十一條，唯衞彪傒引武王飫歌，及公子重耳所賦河水二條是逸詩，而河水一詩，韋昭註又爲河當作沔，即沔彼流水，取朝宗於海之義也；然則國語所引逸詩僅刪存之詩，是逸詩僅刪存詩三十之一也。左傳引詩共二百十七條，其間有邱明自引以證明其議論者，邱明猶在孔子後，或據刪定之詩爲本也；然邱明所述仍有逸詩，則非專寫刪後之本也。至如列國公卿所引，及宴享所賦，則皆在孔子未刪以前也。乃今考左丘明所引及述孔子之言所引者，共四十八條，而逸詩不過三條；其餘列國公卿自引詩共一百一條，而逸詩不過五條；是逸詩僅存詩二十分之一也。若使古詩有三千餘，則所引逸詩，宜多於刪存之詩十倍。豈有古詩則十倍於刪詩，反不及刪存詩二、三十分之一？以此而推，知古詩三千之說不足憑也。況史遷謂古詩自后稷以及殷周之盛，幽厲之衰，則其爲家絃戶誦久矣，豈有反刪之，而轉取『株林』『車鱗』之近事以充數耶？……」方玉潤詩經原始，謂刪詩爲正樂之誤：「此蓋史遷誤讀正樂爲刪詩云耳。夫曰正樂，必雅誦之樂各有其所在，不幸歲久年湮，殘缺失次，夫子從而正之，俾復舊觀，故曰各得其所，非有所增刪於其際也。」王士禎池北偶談：「論語一則曰詩三百，再則曰誦詩三百，家語載哀公問郊，亦曰臣聞誦詩三百，不可以不獻；知古詩本有三百，非孔子手定也。又左氏列國卿大夫燕饗賦詩，率在三百篇中，多在孔子之前，其非孔子刪定，了然可見。然其說亦有未盡通者，如茅鴟、河水、新宮、轡之柔矣等篇，獨非賦詩也乎？今則全篇刪去。其他素以爲絢兮一句、唐棣之華四句見於論語；兆云詢多二句，周道挺挺四句，祈招之愔愔之句，見於左傳；昔吾有先正五句，見於小戴記。緇衣篇，魚在在藻六句，見大戴記用兵篇，國有大命三句，見於荀子臣道篇。至於南陔等六篇有笙無辭，貍首亦然。則謂三百篇外絕無刪動，亦未見允當。大約或篇或章，均係舊逸，而單詞駢句，尙錯雜於簡端，孔子定詩時，則竟刪去，以成三百五篇完好之作，亦述而不作之意也。如謂古詩三千，而刪存止於三百，則馬遷傳聞之誤，其說殊不足信，前人辨之詳矣。」江愼修直謂夫子未嘗刪詩：「…而史家云：古者詩三百餘篇，孔子去其重，取其施於禮義，三百五篇，孔子皆絃歌之，以求合韶武雅頌之音，此史遷之妄說。」歐陽修：「刪詩云者，非止全篇刪去，或篇刪其章，或章刪其句，句刪其字。」

朱熹謂孔子刪詩，一爲去其重複、正其紛亂，二爲去其善不足法、惡不足戒。其詩經傳序：「孔子生於其時，既不得位，無以行勸懲黜陟之政。於是特舉其籍而討論之。去其重複，正其紛亂。而其善之不足以爲法，惡之不足以爲戒者，則亦刊而去之，以從約，示久遠。」但三百五篇，既未去其重複，正其紛亂，亦未去其善不足法，惡不足戒者。

首從去其重複，正其紛亂論之。三百篇中，現存重複之處甚多。如王風揚之水，與鄭風揚之水，各章開始兩句重複。周南樛木與小雅南山有臺，小雅采薇及鄭風風雨與小雅菁菁者莪、隰桑，詞句及詩意，多有重複。國風草蟲篇：「喓喓草蟲，趯趯阜螽，未見君子，憂心忡忡，亦既見止，亦既覯止，我心則降。」小雅出車篇：「喓喓草蟲，趯趯阜螽，未見君子，憂心忡忡，既見君子，我心則降，赫赫南仲，薄伐西戎。」草蟲篇征夫久役，閨怨淒絕，感物懷人，情見乎辭，是佳作也。出車篇章章紀實，而五章喓喓草蟲六句，不僅與草蟲篇重複，且文不對題，與赫赫南仲，薄伐西戎，毫無關連。此八字之意義出車篇第三章及第六章末二句，已有表達。出車篇第五章全章可刪，孔子何以不刪？最可笑者，詩經篇名之重複或相似者，俱未刪去。鄭風、唐風、檜風，羔裘篇名凡三見。王風、鄭風，揚之水篇名凡二見。唐風、秦風，無衣篇名凡二見。唐風、小雅，杕杜篇名凡二見。唐風另有有杕之杜篇。秦風、小雅，黃鳥篇名凡二見。齊風有南山篇，小雅有節南山篇。鄭風有叔于田篇，又有大叔于田篇。鄭風有東門之墠、出其東門，陳風有東門之枌、東門之池、東門之楊。篇名重複近似，幾難辨認，篇名尚如此，內容可知。若謂曾經孔子刪定，則孔子刪定文字之技術，亦甚拙劣矣。

再就去其善不足法，惡不足戒論之。三百五篇，尤其鄭衞之詩，安能皆善足爲法，惡足爲戒？鄭衞之詩六十篇，而周南召南祇二十五篇，善之不足以爲法，惡之不足以爲戒者，未見偏廢。

顧炎武謂孔子刪詩，善與不善，兼而存之，二者並存，可觀可聽。其日知錄卷三：「孔子刪詩所以存列國之風也。有善有不善，兼而存之，猶古之太師陳詩以觀民風，而季札聽之，以知其國之興衰，正以二者之並陳，故可以觀，可以聽。世非二帝，時非上古，固不能使四方之風，有貞而無淫，有治而無亂也。文王之化被於南國，而北鄙殺伐之聲，文王不能化也。使其詩尚存而入夫子之刪，必將存南音以繫文王之風，存北音以繫紂之風，而不容於沒一也。是以桑中之篇，溱洧之作，夫子不刪，志淫風也。叔于田爲譽段之辭；揚之水、椒聊，爲從沃之語，夫子不刪，著亂本也。淫奔之詩，錄之不一而足者，所以志其風之盛也。一國皆淫，而中有不變者焉，則亟錄之。將仲子畏人言也。女曰雞鳴，相警以勤生也。出其東門，不慕乎色也。衡門，不願外也。選其辭，比其音，去其煩且濫者，此夫子之所謂刪也。」又詩之年代次序，先後倒置，不勝枚舉，如經孔子刪定應予調整，並無違述而不作之旨，今於先後次序竟不更動，而謂孔子對詩有所刪削，更難置信。顧炎武亦認孔子未必正詩，其日知錄卷三：「詩之世次，必不可信，今詩亦未必皆孔子所正。且如褒姒滅之，幽王之詩也，而次於前。召伯營之，宣王之詩也，而次於後。序者不得其說，遂並楚茨、信南山、甫田、大田、瞻彼洛矣、裳裳者華、桑扈、鴛鴦、魚藻、采菽十詩，皆為刺幽王之作，恐不然也。又如碩人，莊姜初歸事也，而次於後。綠衣、日月、終風，莊姜失位而作。燕燕，送歸妾作。擊鼓，國人怨州吁而作也，而次於前。（朱子傳曰，此詩當在燕燕之前，下篇仿此。）渭陽，秦康公為太子時作也，而次於後。黃鳥，穆公薨後事也，而次於前。此皆經有明文可據。故鄭氏謂十月之交、雨無正、小旻、小宛，皆刺厲王之詩（十月之交，有豔妻之云，自當為幽王。）漢興之初，始移其第耳。而左氏傳楚莊王之言曰『武王作武。』，其卒章曰『耆定爾功。』其三曰『敷時繹思，我徂維求定。』其六曰『綏萬邦，屢豐年。』今詩但以耆定爾功一章為武，而其三為賚，其六為桓，章次復相隔越。儀禮歌召南三篇，越草蟲而取采蘋。正義以為采蘋舊在草蟲之前，知今日之詩，已失古人之次，此夫子所謂雅頌各得其所者也。」又曰：「詩之次序，猶春秋之年月，夫子因其舊文，述而不作也。頌者，美盛德之形容，以告宗廟。魯之頌，頌其君而已。而列之周頌之後者，魯人謂之頌也。世儒謂孔子尊魯而進之爲頌，是不然。魯人謂之頌，夫子安得不謂之頌乎？爲下不倍也。」又曰：「商何以在魯之後？曰，草廬吳氏嘗言之矣。太師所職者，當代之詩也。商則先代之詩，故次之周魯之後。」

史記所稱古詩三千餘篇或爲古詩之總和，除三百五篇爲通行本之外，早已亡軼或已爲周太師所揚棄矣。此三百五篇之通行本，掌握於周太師，流傳於各地，篇章字句之間容有異同，按之古籍得其端倪，孔子就三百五篇，校其異同，皆弦歌之，以求合韶武雅頌之音，則庶幾近之。如謂孔子有所刪削，則未必然也。

孔子定詩爲三百零五篇，另有六篇，如南陔、白華、華黍、由庚、崇丘及由儀，祇有篇名，爲有聲之笙歌而無辭矣。晉束皙有補亡詩，即將此六篇，補具文辭。鄭樵詩辨妄：「六亡詩不曰亡詩，而曰六笙詩。蓋歌，主人必有辭，笙主竹，故不必辭也，但有其譜耳。」孔穎達：「上古之時，徒有謳歌吟咏，縱令土鼓葦籥，必無文字頌雅之聲，如此則時雖樂，容或無詩。」或云此六篇爲孔子所刪去，或云孔子定詩時，即缺詩辭，或云亡於秦火；此種說法，皆不足以置信。如爲孔子所刪去，應並篇名而刪之，如原爲有篇無辭，留此篇名何用？孔子對詩如確有刪定之處，此無辭之篇，不應留篇名而不刪。秦始皇焚書「非博士官所職，天下有敢藏詩書百家語者，悉詣守尉雜燒之。」在秦「柱下」所藏之書，及「博士官職」所藏之書，並未焚燬。且焚燬亦不應祇有六篇。鄭樵、孔穎達之說，較爲合理。

四、詩之派別與詩序

(一)詩分四家

詩經傳至漢代，分爲四家，或爲文字之訓詁，或爲意義之詮釋。魯人申培爲詩作訓詁，稱爲魯詩，至韋賢而盛。齊人轅固爲詩作傳，稱爲齊詩，多用緯說爲怪異之辭，至匡衡而盛。燕人韓嬰爲詩作內外傳，稱爲韓詩，至五吉而盛。漢書藝文志：「詩經二十八卷，魯齊韓三家。」河南人毛公爲詩作訓傳，稱爲毛詩。據鄭玄詩譜，謂毛公有大小之別，漢魯公毛亨爲大毛公，曾作毛詩故訓，傳之鄭國毛公爲小毛，毛詩獨有大序。漢志稱毛詩二十九卷，是指此書，即現存十三經之詩經。魯詩齊詩以地名，韓詩毛詩以人名。魯詩齊詩韓詩，以隸書寫成，漢武帝時入於學官；毛詩用古文寫成，漢平帝時始入於學官，馬融、賈逵、鄭玄等對毛詩頻加闡揚，因而大盛。魯詩亡於西晉，齊詩亡於魏，韓詩在漢代有五十篇，至北宋全亡，祇存外傳十篇，稱爲韓詩外傳。現在所稱詩經，祇言毛詩而已。

魯，齊，韓，毛四家，皆對詩爲文字之訓詁，或意義之詮釋，而對詩旨詩意出入甚大，甚或完全相反。毛詩關雎，美后妃姒氏幽閒貞靜之德，在周之盛世，是爲美詩；史記十二諸侯年表序「周道缺，詩人本之衽席，關雎作。」是爲刺詩。陳碩甫毛氏傳疏卷一：「劉向列女傳仁智篇，揚雄法言孝至篇，司馬遷史記十二諸侯年表序、儒林傳序，班固漢書杜欽傳，范曄後漢書明帝紀、皇后紀、馮衍傳、楊賜傳，所引皆申培魯詩，又李賢注明帝紀，馮衍傳引薛方丘韓詩章句，並以關雎爲刺詩。」或且認爲非文王時之詩，而是康王以下之詩，事異而義更大異矣。

㈡詩序

毛詩有大序小序，關雎一詩之序爲大序，總論詩旨，說明詩之性質與功用，爲論詩之名篇，殊足採用。其餘每詩首有小序。東漢儒林傳：「衞宏字敬仲，少與河南鄭興俱好古學。初，九江謝曼卿善毛詩，乃爲之訓，宏從曼卿受學，因作毛詩序，善得風雅之旨，今傳於世。」程顥、程頤謂詩序是孔子所作。陸德明經典釋文：「沈重云：案鄭（玄）詩譜，意大序是子夏作，小序是子夏、毛公合作，子夏意有未盡，毛更足成之。」鄭樵詩辨妄，謂詩之有序非一世一人之所能爲，或謂當時史官所作。王安石以爲乃詩人自製，康有爲以爲乃劉歆所造。

歐陽修序問：「或謂詩之序卜商作乎？衞宏作乎？非二人之作，則作者其誰乎？應之曰，書，春秋皆有序而著其名氏，故可知其作者，詩之序不著其名字，安得而知之乎？雖然，非子夏之作，則可以知也。曰，何以知之？應之曰，子夏親受學於孔子，宜其得詩之大旨，其言風、雅有正變，而論關雎、鵲巢，繫之周公、召公，使子夏而序詩，不爲此言。」

朱熹辨說：「詩序之作，說者不同，或以爲孔子，或以爲子夏，或以爲國史，皆無明文可考。唯後漢書儒林傳以爲衞宏作毛詩序，今傳於世，則序乃宏作明矣。然鄭氏又以爲諸序本自合爲一編，毛公始分以寘諸編之首，則是毛公之前，其傳已久，宏特增廣而潤色之耳。故近世諸儒，多以序之首句爲毛公所分，而其下推說云云者，爲後人所益，理或有之。但今考其首句，則已有不得詩人之本意，而肆爲妄說者矣，況沿襲云云之誤哉。然計其初，猶必自謂，出於臆度之私，非經本文，故且自爲一編，別附經後。又以尙有齊、魯、韓氏之說，竝傳於世，故讀者亦有以知其出於後人之手，不盡信也。及至毛公引以入經，乃不綴篇後，而超冠篇端，不爲注文，而直作經字，不爲疑辭，而遂爲決辭。其後三家之傳又絕，而毛說孤行，則其牴牾之迹，無復可見。故此序者，遂若詩人先所命題，而詩文反爲因序以作，於是讀者轉相尊信，無敢擬議。至於有所不通，則必爲之委曲遷就，穿鑿而附合之。寧使經之本文，繚戾破碎，不成文理，而終不忍明以小序爲出於漢儒也，愚之病此久矣。然猶以其所從來也遠，其間容或眞有傳授證驗而不可廢者，故既頗采以附傳中，而復幷爲一編，以還其舊，因以論其得失云。」

四庫全書提要：「詩序二卷，詩序之說，紛如聚訟。以爲大序子夏作，小序子夏毛公合作者，鄭玄詩譜也。以爲子夏所序詩即今毛詩序者，王肅家語注也。以爲衞宏受學謝曼卿作詩序者，後漢書儒林傳也。以爲子夏所創，毛公及衞宏又加潤益者，隋書經籍志也。以爲子夏不序詩者，韓愈也。以爲子夏惟裁初句，以下出於毛公者，成伯璵也。以爲詩人所自製者，王安石也。以小序爲國史之舊文，以大序爲孔子作者，明道程子也。以首句即爲孔子所題者，王得臣也。以爲毛傳初行尚未有序，其後門人互相傳授，各記其師說者，曹粹中也。以爲村野妄人所作，昌言排擊而不顧者，則昌之者鄭樵、王質，和之者朱子也。然樵所作詩辨妄一出，周孚即作非鄭樵詩辨妄一卷，摘其四十二事攻之，質所作詩總聞，亦不甚行於世。朱子同時如呂祖謙、陳傅良、葉適，皆以同志之交，各持異議。黃震篤信朱學，而所作日鈔亦申序說。馬端臨作經籍考，於他書無所考辨。惟詩序一事，反覆攻詰至數千言。自元明以至今日，越數百年，儒者尚各分左右袒也。豈非說經之家第一爭詬之端乎。」

小序純以詩教觀點，禮義眼光，去猜度詩意與原旨出入甚大，甚或相反。朱熹：「小序無大義理，皆是後人杜撰，先後增益湊合而成，多就詩中摭拾言語，更不能發揮詩之大旨。……後世但見詩序巍然於篇首，不敢復議其非，致有解說不通，多爲飾辭以曲護之者，其誤後學多矣。」又曰：「大率古人作詩，與今人作詩一般，其間亦有感物道情，吟咏性情，幾時盡是譏刺他人？祇緣序者之例，篇篇要作美刺說，將詩人意思穿鑿壞了。」又曰：「詩序，東漢儒林傳分明說是衞宏作，後來經意不明，都是被他壞了。」鄭樵詩辨妄：「今觀宏之序，有專取諸書之文至數句者，有雜取諸家之說，而辭不堅決者，有委曲婉轉，附經以成其義者，牽合爲文，取譏於世，此不可不辨也。」崔述讀風偶識：「各篇之序，失詩意者多，其文亦殊不類三代之文。」又曰：「見有仲字，則曰祭仲，見有叔字，則曰共叔段，其餘連篇累牘皆曰刺忽。鄭立國數百年，豈其於仲、段、忽外，遂無他人？而詩人謳歌，豈於美刺仲、段、忽外，遂無他感情？」宋葉夢得文獻通考一七八卷：「使宏鑿空爲之乎，雖孔子亦不能，使宏誦師說爲之，則雖宏有餘矣。」宋程大昌詩論：「毛氏之傳，因未能悉勝三家，要之有古序以該括章旨，故訓詁所及，會一詩以歸一貫，且不至於漫然無統。」小序於三百五篇中強分美刺，尤喜漫稱刺詩，風詩一百六十篇，美詩十六篇，刺詩七十五篇；小雅七十四篇，美詩四篇，刺詩四十二篇；大雅三十一篇，美詩七篇，刺詩六篇。總計風、雅二百六十五篇，刺詩占一百二十三篇。所謂刺詩，其實多爲美詩，如楚茨、信南山、甫田、大田、瞻彼洛矣、裳裳者華、桑扈、鴛鴦等篇，皆美詩也。而小序皆謂爲刺幽王也。關雎一篇，崔述讀風偶識，釋爲「君子自求良配，而他人代寫其哀樂之情。」近人亦有以此爲賀新婚之詩，此種看法，實具理由，而小序強認爲文王與姒氏之匹配。文王爲王季之子，係屬王家，則字裏行間，不能無王室氣味，並應有贊揚男女雙方之身份地位及結婚儀式之辭句，而竟全以平民婚姻之語氣出之，誠可認爲賀新婚之普通詩章，與文王無涉也。鄭風將仲子一篇，小序謂為刺莊公，不勝其母，以害其弟，弟叔失道，而公弗制。此詩女拒男子求愛，辭意明顯，一讀即知，與莊公何涉？下二首叔于田、大叔于田，則對叔段之勇武，服御之豪華，國人之擁戴，描寫盡致，將仲子篇，不可比擬。小序因下二首而溯及將仲子篇為莊公叔段之事，純係錯覺。鄭風羔裘篇，應為美詩，而小序謂為刺詩。鄭風有女同車、山有扶蘇、蘀兮、狡童四篇，明為男女迎拒戲謔之辭，而小序皆謂為刺齊太子忽。太子忽賢公子也，詩人不應用子都、狂且、狡童之惡劣名詞以侮之。或小序以詩內有「彼美孟姜」四字，而附會太子忽拒齊姜之婚，殊不知所謂齊姜者指美女也。詩曰：「豈其取妻，必齊之姜。」鄭風子衿篇，明為男女愛戀之辭，朱熹亦謂為淫奔之詩，而小序謂刺學校廢也，亂世則學校不修焉。而詩內辭意，與學校殊無關連。鄭風揚之水篇，為男女苦戀之辭，而小序謂為閔太子忽之無忠臣良士，終以死亡。豈「終鮮兄弟」即可解為無忠臣良士耶？然「維予二人」又將作何解耶？何牽扯之甚耶？鄭風溱洧篇，亦男女戲謔之辭，而小序謂為刺亂，詩中並無亂象。「洵訏且樂，贈之以勺藥。」何亂之有？秦風蒹葭篇，純係懷人思舊之作，而小序謂為刺襄公也，未能用周禮以固其國，與詩旨詩意，大相逕庭。陳風衡門篇，明為隱居自樂與世無求之辭，並無政治意味，尤無匡君愛國之情，而小序謂為僖公愿而無立志，作是詩以誘掖之，殊不符合。小雅黃鳥篇，為民適異國，不得其所欲作歸計，而小序謂刺宣王，此詩與宣王何干？小雅雨無正篇，小序謂大夫刺幽王。並釋為雨自上下者也，衆多如雨而非所以為政。古人於詩，多不命題，多取詩首句之字以為篇名，往往無甚義例。雨無正篇名，篇首無此三字，其來源及用意，祇好存疑。如小序解題，無怪有人嘲之曰，關雎篇名，豈不可解為雎鳩關在籠中乎？小雅楚茨、信南山、甫田、大田四篇，皆為農事祀神祝福之詩，充滿快樂禱祝氣氛，而小序謂皆刺幽王，政煩賦重，小民流亡，祭祀不饗。此與詩意完全相反。小雅瞻彼洛矣、裳裳者華、桑扈、鴛鴦四篇，皆為天子與諸侯互相贊美及燕樂之詩，而小序謂皆刺幽王，讒諂並進，上下無禮。小雅頍弁篇為燕樂兄弟之詩，而小序謂刺幽王暴戾無親，不能燕樂同姓，親睦九族。小雅車舝篇，為燕樂新婚之詩，小序謂刺幽王也，褒姒嫉妒無道，周人思得賢女以配君子。小雅魚藻、采菽二篇，是天子與諸侯互相贊美之詩，而小序謂刺幽王不能自樂於鎬京，不能錫諸侯以禮教，而使君子思及古王。小雅黍苗篇，為宣王時詩，而小序謂刺幽王。小序所謂詩之美刺，極不可靠，而對詩旨之說明，尤多乖謬，如聽其論，而不加考正，則誤己誤人矣！

(三)詩經之派別

清四庫全書總目，詩類有六十二部，九百四十一卷，詩類存目，有八十四部，九百十三卷。四庫未收之書，尚不在內。如逐一敘述，既無可能，亦無必要，茲僅就其重要者言之。

韓、魯、齊三家詩逐漸消失，而毛詩巍然盛行，是得力於詩序及鄭玄的詩箋。大小詩序的作者爲誰？年代若何？價値如何？已難深究，但對詩經之輔翼，厥功甚偉。鄭玄爲漢朝大儒，其詩箋之影響，垂數千年而迄今日。

自三國至南北朝，言詩範圍，不離毛傳鄭箋。魏王肅作毛詩注，毛詩義駁，毛詩奏事，毛詩問難等書，晉孫毓作毛詩異同評，皆捧毛抑鄭。陳統作難毛詩異同評，申張鄭義。毛鄭是非，辯論不絕。

唐太宗詔諸儒修五經正義，孔穎達取毛詩鄭箋作疏，有唐一代言詩，未出正義範圍，且鄭箋、孔疏，成爲言詩之正統。唐成伯瑜著毛詩指說一卷，內分四篇，敍先王陳詩觀風，孔子刪詩定雅之理，釋詩義及正篇章次序，記齊魯韓毛四家詩傳授源流，論詩經句法、篇法、用詞、用字之體例。

毛詩之鄭箋孔疏，至宋而生反動。歐陽修首作毛詩本義十六卷，有時世論、本末論、豳問、魯問、序問等篇，末附補亡鄭譜及詩圖總序，重在求理，不輕從古說，直求詩人本意，專批斥毛鄭及說序之錯誤。王安石、蘇轍、程伊川，亦多求詩人本意。蘇轍詩集傳，首斥小序反覆繁重。王得臣、程大昌繼續攻擊詩序。程大昌詩論，一名詩議，又名毛詩辨正，共分十七篇，不獨疑序，並欲刪去國風名稱，以南、雅、頌爲樂詩，諸國爲徒詩。鄭樵詩辨妄，非難毛、鄭，所提論點，極具見地。朱熹著詩集傳八卷，凡兩易稿、初稿用小序，及呂氏家塾讀書記；再稿取鄭樵說，不用小序，不用毛鄭，並直斷鄭風諸篇爲淫詩，故後之攻小序，攻毛，鄭者，必引朱說爲據。朱熹爲宋大儒，注經淵博，取捨折衷，以後經學皆以朱註爲正宗，不僅詩註已也。呂祖謙與朱熹同時，其呂氏家塾讀詩記，墨守毛鄭。嚴粲詩緝宗呂氏。王柏爲朱熹三傳弟子，著詩疑一書，不惟疑序傳，並且疑經，彼指出小弁，無逝我梁四句，是儒妄補，謂下泉末章爲錯簡，删除國風以下三十一篇，又改詩之篇名，如改權輿爲夏屋，改大東爲小東等，所見未免突出。宋段昌武著毛詩集解二十五卷，其書爲詩注性質；但首卷論作詩之理，寓詩之樂，讀詩之法；末卷論詩之世，詩之次，詩之序，詩之體，詩之派。

元明兩代，爲朱熹集傳全盛時期。元延祐間，規定經義須用朱注。元時許謙、梁寅、劉瑾、梁益、朱公遷、劉玉汝等，說詩皆宗朱熹。明永樂間，勅胡廣等撰定詩經大全，羽翼朱傳，備當代舉業參考之用。惟李克芳讀詩私記仍宗毛鄭。明沈萬鈳詩經類考三十卷，中有古今論詩考、逸詩考、音韻考、風雅頌異同考。明何楷詩經世本古義二十八卷，依時代考證詩之次序。明末賀貽孫著詩觸四卷，雖欲調停小序與朱傳，然議論仍鑽歐陽、鄭玄之餘緒；卷首冠以四論：一論詩與歌謳謠諺不同，皆爲樂章，二論讀詩當以意逆志，三論淫，四論風刺。

清代考據學盛行，復古派標漢學旗幟，以與宋學對抗，說詩者競尚古義，閻若璩毛朱詩說，較爲折衷。陳啓源毛詩稽古編，訓詁準爾雅，篇義準小序，詮釋經旨準毛鄭，名物多主陸璣，辨正朱熹、歐陽修、呂祖謙、嚴粲，攻擊劉瑾，輔廣諸說。餘如錢澄之田間詩學，朱鶴齡詩經通義等，亦奉小序。戴震毛鄭詩考正，偶采朱熹詩說；胡承珙毛詩後箋、陳奐毛氏傳疏，專宗毛詩，純乎漢學。顧炎武日知錄，其中論詩殊有見地。

五、詩經之時代地域及作者

(一)詩經時代

研究詩經產生時代，應就三百五篇中，考證其始於何時，終於何時？何者爲最古之詩？應就商頌五篇，及豳風七月篇，加以研討。商頌五篇，究爲商代遺文，抑爲宋正考父所作？抑爲西周中葉之作品？國語魯語：「昔正考父校商之名頌十二篇於周太師，以那爲首。」鄭司農：「自正考父至孔子，又亡其七。」毛詩小序：「那，祀成湯也，微子至於戴公，其間禮樂廢壞，有正考父者得商頌十二篇于周之太師，以那爲首。」朱熹詩傳，略謂武王封微子啓於宋，脩其禮樂以奉商後，其後政衰，商之禮樂，日以放失，七世至戴公時，大夫正考父得商頌十二篇於周太師，歸以祀其先王；至孔子編詩時，而又亡其七篇，然其存者，亦多闕文疑義，今不敢強通也。毛詩小序及朱熹謂得商頌十二篇之得字，是正考父從周太師處得商頌十二篇，是商頌原爲周太師所持有，卽可認爲商代之遺文，而非正考父所作也。梁啓超：「後世說詩者，或以今商頌爲正考父所作，此誤讀國語耳。此五篇乃至十二篇，殆商代郊祀樂章，春秋時宋國沿用之，故得傳於後，猶漢魏郊祀樂府，至今雖失其調，猶存其文。」國語所謂正考父校商之名頌十二篇於周太師之校字，亦可訓爲校對之校，正考父以商頌之一本，校周太師之別一本。如周太師正考父各持一本，則爲商代之遺物。頌者宗廟之樂歌，大序所謂美盛德之形容，以其成功告於神明者也。周爲天子，宜有周頌。成王以周公有大勳勞於天下，故賜伯禽以天子之禮樂，魯於是乎有頌，以爲廟樂，其後又自作詩以美其君，亦謂之頌。宋，諸侯也，如作詩以美其君，不得謂之頌，更不得以宋國而作商頌。季札觀樂「爲之歌頌」，孔穎達謂歌周頌。商魯之頌與周頌，截然不同，必不能混而歌唱。周爲天子，樂工僅能歌周頌，季札亦僅能觀周頌，而魯頌商頌不得與焉。商爲周滅，宋爲周臣，宋不可以作頌，更不可名爲商頌，以開罪於周室，而見忌於諸侯。如謂宋國爲殷商帝王之後，可以作商頌，則陳國爲虞舜之後，何以不作虞頌，以自誇耀？魯頌指明魯僖公牧馬之盛，修治泮宮，而「魯侯燕喜，令妻壽母。」之辭，使僖公身份躍然紙上。如謂商頌爲宋所作，遍查商頌五篇毫無宋之迹象，而對宋公亦不贊一辭，爲理之所無者。商頌烈祖篇：「約軝錯衡，八鸞鶬鶬，以假以享，我受命溥將。」朱熹詩傳：「諸侯乘是車，以假以享於祖宗之廟也。」玄鳥篇：「龍旂十乘，大糦是承。」詩傳：「諸侯無不奉黍稷以來助祭也。」又：「邦畿千里，維民所止，肇域彼四海。」又：「王畿之內，民之所至，不過千里，而其封域則極乎四海之廣也。」長發篇：「受小球大球，爲下國綴旒。」「受小共大共，爲下國駿厖。」眞具「九天閶闔開宮殿，萬國衣冠拜冕旒。」之氣象。此爲商代盛世之寫眞，非宋人憑其想像，可得爲之。殷武一篇，爲讚美商高宗征伐荆楚之詩，宋人如追述祖德，亦不應對此事專列一篇。史記宋世家謂商頌爲宋襄公時正考父之作品。王國維認正考父校商之名頌十二篇於周太師之校字爲效，訓作獻，是正考父將商頌十二篇獻於周太師；並指證殷武篇「陟彼景山」，景山近商邱，商邱爲宋之首都；又謂商頌文體，與隰桑、雲漢、常武、江漢、釆芑諸篇略同，而斷定商頌爲宗周中葉以後之詩。皮鹿門詩經通論，引用魏源默深詩古微，駁毛詩小序列十三證。毛詩小序，國語，去古未遠，朱熹對詩經亦富研究，所說自可存信，梁啓超所見，亦有可採。王國維謂正考父獻商頌於周太師，可認商頌爲宗周中葉以後之詩，亦可視爲商代之遺文，正考父可將宗周中葉所作之商頌，獻於周太師，亦可將商代遺文之商頌，獻於周太師。商頌文體與隰桑、雲漢、常武、江漢、釆芑諸篇亦不盡相同，而隰桑更全不相同。「約軝錯衡，八鸞鶬鶬。」二句，重見於烈祖篇與釆芑篇，但釆芑篇引用烈祖篇二句，亦無不可。景山是否近商邱，詩傳雖有是說，尙待考證，景山亦可釋爲大山，景可訓爲大。如詩中「陟彼高崗」亦祇言崗之高耳，不必實有高崗之地名。清陳奐補胡承珙毛詩後箋說：「隱公二年左傳美宋宣公引商頌：『殷受命咸宜，百祿是荷。』晉語公孫固對宋襄公引商頌：『湯降不遲，聖敬日躋。』則商頌不作於宋襄，內外傳有明證矣。」左氏昭公七年傳，正考父「佐戴武宣」，如認商頌在宋襄時，爲正考父之作品，則斯時正考父年已百三四十矣。馬端辰毛詩傳箋亦謂：「正考甫助戴武宣，見於左傳。其子孔父嘉在殤公時爲大司馬，亦見於左傳，中隔莊公滑公新君桓公，始至襄公，去戴武宣時甚遠，正考甫安得商頌以美襄公。」梁氏謂商頌，爲商代郊祀樂章，春秋時宋人沿用之，不爲無見。商頌如認爲商代作品，則商頌爲最古之詩。

豳風七月篇，毛詩小序：「陳王業也，周公遭變，故陳后稷公劉風化之所由，致王業之艱難也。」詩註：「周公以成王未知稼穡之艱難，故陳后稷公劉風化之所由，瞽矇朝夕諷誦以教之。」惟全篇敍農家季節、物候、工作、燕饗，並未提及或暗射后稷公劉，與綿、皇矣、公劉三篇，迥然不同，不見爲述祖德也。此詩周公以成王未知稼穡之艱難，故就農業情形作詩，以資警戒，極爲可信，是否涉及后稷公劉，在研究此詩產生年代上，無關重要。梁啓超：「豳風之七月一篇，後世注家，謂周公述后稷公劉之德而作；然羌無實據。玩詩語似應爲周人自豳遷岐之前之民間作品；且篇首『七月流火，九月授衣。』云云，所用爲夏正，故亦推定爲夏代作品。果爾則三百篇中此爲最古；且現在一切文學中亦以此爲最古矣。」七月篇用夏正朔，不能卽認爲夏代作品，夏代正朔，在民間根深蒂固，殷周正朔，雖有改變，而社會上猶多奉行夏正。小雅采薇、小明二篇，確爲周代作品，而采薇曰「歲曰莫止」，小明曰「二月初吉」皆指夏曆；且七月篇文字通暢，與豳風其他六篇酷似，迥非商代文辭，更非夏代文辭，所能比擬。近代甲骨文出現，亦可證明商代文辭，無此完整通達。鴟鴞、東山二篇，爲周公所作，已無疑問。鴟鴞、東山二篇文辭，與七月篇相似，亦可佐證七月篇爲周公所作。公劉相土地之宜，而立國於豳之谷，傳十世大王遷岐，傳十三世武王遂爲天子，自公劉至成王，已傳二十四世矣。如依梁氏所云，七月篇爲自豳遷岐前之民間作品，至成王時歷數十世，垂數百年，尚未遺失，亦難置信；如斯時有此民間作品，則王室之作品，亦應不少，何以竟無一存？豳風七篇前三篇周公所作，後四篇爲周公而作，次序井然，自成一系，如七月篇爲「自豳遷岐之民間作品」。無論周太師所存之本或孔子之所刪編，則必另行排列，或附豳風之末，以明體系，而竟冠於豳風之首，殊無倫次。七月篇所謂「殆及公子同歸」、「爲公子裳」、「獻豜于公」、「食我農夫」、「嗟我農夫」、「躋彼公堂」、「萬壽無疆」，表示人民與王室息息相關，亦符周公作詩之立場。故七月篇毛詩小序及朱熹詩傳稱爲周公所作，似無疑問。

三百五篇之終結，又在何時？從毛詩言之，詩經時代，迄於陳靈公。陳風株林：「胡爲乎株林從夏南，匪適株林從夏南。」毛詩小序：「株林刺靈公也。淫乎夏姬，馳驅而往，朝夕而不休息焉。」朱熹詩傳：「靈公淫於徵舒之母，朝夕而往夏氏之邑。」鄭康成詩譜：「孔子錄懿王、夷王時詩，迄於陳靈公淫亂之事，謂之變風變雅。」左傳述申公巫臣數夏姬之罪曰：「弒靈公，戮夏南。」夏南者，夏姬之子徵舒也。從魯詩言之，迄於衞獻公。邶風燕燕：「先君之思，以勗寡人。」鄭玄注曰：「此衞定姜之詩也。」，陸德明釋文注「定姜之詩」云：「此是魯詩，毛詩爲莊姜。」此以燕燕爲定姜之詩，蓋取左傳定姜之告其庶子獻公曰：「余以巾櫛事先君，而暴妾使余。」果此詩爲定姜者，則衞定公死時，視陳靈公之卒，已後二十二年，定姜謂「余以巾櫛事先君」又後十八年，共後四十年矣。就齊詩而言，迄於郇伯。詩曹風下泉：「冽彼下泉，浸彼苞稂，汽我寤歎，念彼周京。」又曰：「芃芃黍苗，陰雨膏之，四國有王，郇伯勞之。」何楷（元子）詩經世本古義二十八卷，遂據此以言曹人美荀躒納敬王於成周也。春秋昭公二十二年王子朝作亂，至昭公三十二年城成周，爲十年無王。左傳天王使晉，請城成周曰：「天降禍於周，俾我兄弟，並有亂心，以爲伯父憂，我一二親昵甥舅，不遑啓處，於今十年，勤戍五年，余一人無日忘之。」徐鉉云，荀即郇侯之後，去邑旁稱荀。曹人美旬伯，必在魯昭公二十五六年之際，即周敬王三四年之時也。魯昭公二十六年，視衞獻公出奔又後四十三年。陳靈公卒於魯宣公十年，後二十二年而衞定公卒，再十八年而衞獻出奔，曹人美旬伯，在魯昭公二十六年。自是之後，諸侯不復勤王，故列國風詩止於此。孔子編詩必在魯昭公二十六年之後，此時孔子年逾三十六歲矣。詩經時代，在春秋二百四十二年內，占二百一十年，自魯昭公二十六年後，只餘三十五年。清代欽定詩經傳說彙纂，內有作詩時世圖，將詩依時代之先後排列而宗舊說，以商頌那篇爲首，而以陳風株林、畢陂爲最後。其全部排列次序，亦難求其眞實。總之，詩三百五篇，除商頌爲商代作品外，皆產生於西周之初年，至春秋之末年。其中風雅頌產生之年代，顧炎武有概括之說明。顧炎武日知錄卷三：「二南豳也，小大雅也，皆西周之詩也，至於幽王而止。其餘十二國風則東周之詩也。王者之迹熄而詩亡，西周之詩亡也。詩亡而列國之事迹不可得而見，於是晉之乘、楚之檮杌、魯之春秋出焉。是之謂詩亡然後春秋作也。周頌，西周之詩也，魯頌，東周之詩也。成康之世，魯豈無詩，而今亦已無矣。故曰詩亡，列國之詩亡也，其作於天子之邦者，以雅以南以豳以頌，則固未亡也。」

(二)詩經產生地域

中國文化最先發達於西北方，逐漸推移至黃河流域。古代所謂中原，即今黃河流域，詩經之產生地域，即以此爲中心。雅頌無分國別，而次序時世，已不可考。就國風之十五國所在地域，包括甘肅、陝西、山西、河南、河北、山東、湖北諸省，此數省在當時正是政治、文化、經濟之中心。如秦、王、豳約在今陝西、甘肅一帶。唐，約在今山西。魏，約在今山西、河南之間。邶、鄘、衞、鄭、陳、檜均在今河北之西南，及河南之一部份。齊、曹、魯，即今之山東境內。二南之汝墳，漢廣，江有汜諸篇，產生在今河南、河北接壤地帶。

周南召南　周原居沮，在漆水及渭水一帶。公劉遷於豳，古公亶父遷岐，文王徙都於豐，而分岐周故地，以爲周公召公奭之采邑。武王發遷於鎬。平王遷都洛陽。周初，周公爲政於國中，召公布政於南方，詩得自國中而雜以南國之詩，謂之周南，其得之南國者，謂之召南。周南召南地域，據鄭玄詩譜曰：「周召者，禹貢雍州岐山之陽地名。」即今陝西、甘肅。

邶，鄘，衞　武王克商分自紂城朝歌而北謂之邶，南謂之鄘，東謂之衞，以封諸侯。邶鄘不詳其始封，衞則武王弟康叔之國也。衞後併邶鄘之地，而其詩仍邶鄘之名，未知何故。邶、鄘、衞，在今河北、山西一帶。

王　謂東周都洛邑王城畿內，六百方里之地，在河南省。平王遷都洛陽。王室遂卑，與諸侯無異，故其詩不爲雅而爲風。然其王號未替，故不曰周而曰王。其地在今河南。

鄭，檜　鄭本在西都畿內咸林之地。鄭武公得虢、檜之地，乃徙其封而施舊號於新邑，是爲新鄭。咸林在鄭縣，新鄭即今之鄭州，皆在河南省。

齊　在禹貢爲青州之域。周武王封太公望於齊，東至於海，西至於河，南至於穆陵，北至於無棣。在今山東省。

魏　本舜禹故都，在禹貢冀州，雷首之北，析城之西，南枕河曲，北涉汾水，其地陋隘而民貧俗儉，蓋有聖賢之遺風焉。周初以封同姓，復爲晉獻公所滅，而取其地。魏入晉已久，其詩疑爲晉作，今篇中公行公路公族，皆爲晉官名，疑爲晉詩，或疑魏亦嘗有此官名。魏地，在今山西省。

唐　本帝堯舊都，在禹貢冀州之域，太行恒山之西，太原大岳之野。周成王以封弟叔虞爲唐侯，南有晉水，至子燮乃改國號爲晉，復徙曲沃，又徙居絳，地瘠民貧，勤儉質朴，憂深思遠，有堯之遺風焉。其詩不謂之晉而謂之唐，仍其始封之舊號耳。其地在山西省。

秦　在禹貢雍州之域，近鳥鼠山，伯益受封於此，後居西戎以保西陲。平王東遷，秦襄公以兵送之，王封襄公爲諸侯，曰能逐犬戎，即有岐豐之地，襄公遂有周西都畿內八百里，秦德公又徙於雍。秦地在今陝西、甘肅。

陳　大皞伏羲氏之墟，在禹貢豫州之東，其地廣平，無名山大川，西望外方，東不及孟諸。胡公滿受封於陳，都於宛邱之側，在今河南。

曹　在禹貢兗州陶邱之北，雷夏菏澤之野，周武王以封其弟振鐸。即今之曹州，在今河北山東一帶。

豳　即公劉故地，在今陝西、甘肅。

㈢詩經作者

國風多出自民間，雅頌多出自貴族。雅頌所作者不外公卿大夫之流；而國風多為歌謠，包括社會上各階層各職業。然欲考證其姓名，自非易事。在詩中已說明作者姓名，自為直接之考證，毫無疑問。如「家父作誦，以究王訩。」節南山為家父所作。「寺人孟子，作為此詩。」巷伯為寺人孟子所作。「吉甫作頌，其風孔碩。」崧高為吉甫所作。「吉甫作誦，穆如清風。」烝民亦為吉甫所作。毛詩小序所指明之作者：載馳，為衞懿公女許穆夫人作，左傳閔公二年載許穆夫人賦載馳。柏舟共姜作。綠衣、燕燕、日月、終風，莊姜作。渭陽，秦康公作，送其舅氏公子重耳。梁啓超謂盡人皆可有舅，不必秦康，但「路車乘黃」「瓊瑰玉珮」，應為王家之甥舅贈別，秦康所作，似可相信。七月、鴟鴞、東山，周公作。尚書金縢篇載周公作鴟鴞；棠棣，周公作，並見左傳、國語。小弁，太子太傅作。彼何人斯，蘇公作。賓之初筵、抑，衞武公作。公劉、泂酌、卷阿、民勞，召康公作。韓奕、江漢，尹吉甫作。板，凡伯作。蕩、常武，召穆公作。桑柔，芮伯作。瞻卬、召旻，凡伯作。自載馳至召旻，毛詩小序，皆說明作者，其眞實性如何，有待考矣。文王、周公作，見詩註及呂氏春秋。國語周公之頌曰：「載戢干戈。」周公為之頌曰：「思文后稷，克配彼天。」周頌時邁有「載戢干戈。」一句，周頌思文有「思文后稷，克配彼天。」二句，是時邁、思文，為周公作。周頌其餘各篇，多為周公作。魯頌閟宮，魯僖公作，其餘魯大夫作。商頌之作者，更不可考矣。司馬遷史記：「詩三百篇，大抵皆聖賢發憤之所作為也。」朱熹詩經傳序謂雅頌之篇其作者往往聖人之徒，至於雅之變者，亦皆一時賢人君子閔時病俗之所為。三百篇之作，出自各階層，所謂「聖賢」、「聖人之徒」、「賢人君子」未必盡然，但尊詩教，故尊作者耳。

六、詩之六義

(一)何謂六義

風雅頌賦比興，稱為六詩，普稱六義。周禮春官：「太師教六詩，曰風，曰賦，曰比，曰興，曰雅，曰頌。」詩大序：「詩有六義焉，一曰風，二曰賦，三曰比，四曰興，五曰雅，六曰頌。」鄭玄周禮註：「風言聖賢治道之遺化也。賦之言鋪，直鋪陳政教善惡。比，見今之得失，不敢斥言，取比類以言之。興，見今之美嫌其媚諛，取善事以喻勸之。雅者正也，言今之正者，為後世法。頌之言，誦也，容也，誦人之德廣而美之。」孔穎達、鄭樵、朱熹更將風雅頌，與賦比興之性質、作用及其相互關係，有概括之說明。孔穎達詩經正義：「風雅頌者詩篇之異體；賦比興者詩文之異辭，賦比興是詩之作用；風雅頌是詩之形成。用彼三事，成此三事，是故同稱為義，非別有篇卷也。」鄭樵詩辨妄：「風者，出於土風，大概小夫賤隸婦人女子之言，其意雖遠，而其言淺近重複，故謂之風；雅者，出於朝廷士大夫，其言純厚典則，其體抑揚頓挫，非復小夫賤隸婦人女子所言者，故曰雅；頌者，初無諷誦，惟以鋪張勳德而已，其辭嚴，其聲有節，不敢瑣語褻言，以示其所尊，故曰頌。」朱熹詩經傳序：「凡詩之所謂風者，多出於里巷歌謠之作。所謂男女相與詠歌，各言其情者也。惟周南召南，親被文王之化以成德，而人皆有以得其性情之正，故其發於言者，樂而不過於淫，哀而不及於傷，是以二篇獨爲風詩之正經。自邶而下，則其國之治亂不同，人之賢否亦異，其所感而發者，有是非邪正之不齊，而所謂先王之風者，於此焉變矣。若夫雅頌之篇，則皆成周之世，朝廷郊廟樂歌之辭，其語和而莊，其義寬而密，其作者往往聖人之徒，固所以爲萬世法程，而不可易者也。至於雅之變者，亦皆一時賢人君子閔時病俗之所爲，而聖人取之。其忠厚惻怛之心，陳善閉邪之意，尤非後世能言之士，所能及之。」朱熹對風雅頌賦比興之性質，又有確當之說明：「風雅頌，聲樂部份之名；賦比興，則所以製作風雅頌之體也。」

風雅頌依內容而區分，如文學中分詩、文、賦、詞、曲、小說、戲劇等。此爲概括之區別，而不易有嚴格之分野。詩分爲風雅頌三大類，但彼此間，或有出入，或相近似。國風有似雅者，如谷風、氓、小戎等篇。雅亦有似國風者，如小雅之采薇、出車、蓼蕭、湛露、我行其野、小弁、采綠、隰桑等篇。國風之樛木、螽斯、麟之趾、甘棠；大雅之下武、文王有聲；皆似美盛德之形容，可列入頌。周頌之豐年、載芟、良耜及魯頌四篇，商頌長發，皆可列入大雅。豳風七篇，可謂之雅，仍可謂之風，但不可謂之頌，尤其鴟鴞一篇，與頌全異。惠愓周詩說：「風雅頌以音別也，樂記曰：廣大而靜，疏達而信者，宜歌大雅。恭儉而好禮者，宜歌小雅。據此則大小雅當以音樂別之。」又曰：「觀樂記師乙之言，左傳季子之論，知大小二雅，當以音樂別之，不以政之大小論也。如律有大小呂，詩有大小明，美不存乎大小也。」朱熹、惠愓周皆謂風雅頌不以體分，而以音別，不爲無見足資採證。梁啓超：「風祇能諷誦而不能歌，雅爲周代最通行之樂，公認正聲，故謂之雅。頌爲「容」之本字，故歌而兼舞，以後世之體比之，則風爲民歌，南雅爲樂府歌辭，頌則劇本也。」因有人謂風爲徒歌，故梁氏謂風祇能諷誦而不能歌；但風雅頌皆可歌，皆可入樂，頌可兼舞，可不必舞。吳季札請觀周樂，樂工爲之歌風雅頌，風亦在工歌之列，並與雅頌相同。觀頌並未言舞，是歌頌時無舞也。後言見舞象箾南籥等舞，足徵歌頌時未帶舞也。鄭志答張逸：「國史採衆詩時，明其好惡，令瞽矇歌之，其無所主，皆國史主之，令可歌。」亦可證風詩皆可合樂。

(二)賦比興

賦比興，又稱爲詩之三義，爲行文遣詞之方法。劉勰文心雕龍銓賦篇、比興篇：謂賦者鋪也，鋪采摛文，體物寫志也。比者附也，附理者切類以指事。興者起也，起情者，起微以擬議。鍾嶸詩品序：「故詩有三義焉。一曰興，二曰比，三曰賦。文已盡而意有餘，興也。因物喻志，比也。直書其事，寓言寫物，賦也。宏斯三義，酌而用之，幹之以風力，潤之以丹彩，使味之者無極，聞之者動心，是詩之至也。若專用比興，患在意深，意深則辭躓。若但用賦體，患在意浮，意浮則文散，嬉成流移，文無止泊，有蕪漫之累矣。」朱熹：「興者先言他物，以引起所詠之辭也。賦者敷陳其事，而直言之者也。比者，以彼物比此物也。」又曰：「比是以一物比一物，而所指之事，常在言外；興是借彼一物，以引起此事，而其事常在下句。但比意雖切而却淺，興意雖濶而味長。」賦比興者詩文之異辭，或直陳其事，或以彼比此，或引物興詠，用遣辭之方法，以表達其意志。賦爲直陳其事，重在鋪敍容易了解。比興二義，意義含混難辨。陳奐毛氏傳疏葛藟篇：「曰若曰如曰喻曰猶，皆比也。傳則皆曰興。比者，比方於物；興者，記事於物。作詩者之意，先以託事於物，繼乃比方於物，蓋言興，而比已寓焉矣。」故賦比興三者，亦難有明確之判別。如葛覃、卷耳、草蟲、行露，毛詩以爲是興，朱註以爲是賦；柏舟、綠衣、谷風、北門諸篇，毛詩以爲是興，朱註以爲是比。

㈢風

毛詩大序：「上以風化下，下以風刺上，主文而譎諫，言之者無罪，聞之者足以戒，故曰風。至於王道衰，禮義廢，政教失，國異政，家殊俗，而變風變雅作矣。國史明乎得失之跡，傷人倫之廢，哀行政之苛，吟詠性情，以風其上，達於事變而懷其舊俗者也。故變風發乎情，止乎禮義。發乎情，民之性也，止乎禮義，先王之澤也。是以一國之事，繫一人之本，謂之風。」朱熹詩經集註：「國者，諸侯所封之域，而風者民俗謠歌之詩也。謂之風者，以其被上之化以有言，而其言又足以感人。如物因風之動以有聲，而其聲又足以動物也。是以諸侯采之，以貢於天子，天子受之，而列於樂官，於以考俗尚之美惡，而知其政治之得失焉。舊說二南爲正風，所以用之閨門鄉黨邦國而化天下也。十三國爲變風，則亦領在樂官，以時存肄，備觀省，而垂監戒耳。合之凡十五國云。」先儒最重詩教，故多以風詩之作，爲立教之本，所謂發情止義，風上化下，俱爲詩教之注脚。其實風詩之作，爲民情民意之流露，未必純以詩教爲出發點，爲政者從詩中窺見其俗尚美惡，政治得失，而知所改正，亦未見能憑詩而化下也。周南召南，論詩者皆認爲風詩之正，王者以此而風教天下也；然其詩未必皆正，汝墳：「魴魚頳尾，王室如燬。」摽有梅：「求我庶士，迨其謂之。」野有死麕：「有女懷春，吉士誘之。」皆不足推爲正詩，亦不足以風教天下。

風之次序，毛詩編排，與左傳不同。毛詩列十五國：周南、召南、邶、鄘、衞、王、鄭、齊、魏、唐、秦、陳、檜、曹、豳。左傳魯襄公二十九年記吳季札觀樂，其次序爲：周南召南，邶鄘衞、王、鄭、齊、豳、秦、魏、唐、陳，自檜以下，周南召南，毛詩分爲二，左傳歸於一。邶鄘衞毛詩分爲三，左傳歸於一。豳，毛詩列於最末，左傳列於齊下秦上。秦，毛詩列於魏唐之後，左傳列於魏唐之前。鄭康成詩譜，將王風列於豳風之後，或以豳風爲西周，王風爲東周，以近雅頌。孔仲達詩疏：「王，詩次在鄭上，譜退豳下者，欲近雅頌，與王世相次故也。」季札觀樂，杜預云：「於詩，豳第十五，秦第十一，後仲尼刪定，故不同。」杜氏以爲今之次序爲孔子所寫，孔子之前，則爲左傳之次序，左傳依太師舊掌之次序。顧炎武以詩之次序，依地理之關係，其日知錄卷三：「自邶至曹，皆周初太師之次序。先邶鄘衞，殷之故都也。次之以王，周東都也。何以知其爲周初之次序？邶鄘也，晉而謂之唐也，皆西周之舊也。惟鄭乃宣王所封，中興之後，始立其名於太師，而列諸國之先者，鄭亦王畿之內也，故次於王也。桓公之時，其詩不存，故首緇衣也。」毛詩將豳風列於最末，豳爲公劉定居之地，尤見周室發祥之意與周南召南，首尾相應，著重宗周尊王之大義云耳。鴟鴞以下六篇或周公所作，或爲周公而作，同爲盛周之作，非東周以後列國之風，他無可附，故列於豳。

左傳魯襄公二十九年，對詩之題署以周南召南居首，而其前無風或國風之總題；而小雅、大雅、頌，則有總題。於是各國之下亦不加風字。程大昌：「詩有南、雅、頌無國風，其曰國風非古也。夫子嘗曰：『雅頌各得其所。』又曰：『人而不爲周南召南，未嘗言國風者。』又曰：『左氏記季札觀樂事，歷敘周南召南、小雅、大雅、頌，凡其名稱與今無異，並列序諸國，自邶至豳其數凡有十三，率皆單記國土，無今國風品目也。』又曰：『鼓鐘之詩，以雅、以南、以籥，不僭。季札觀樂，有舞象箾南籥者，當時親見古樂之人，凡舉雅頌，均與南對稱，南雅頌乃是樂詩，而風爲徒詩，古無國風之名，爲後人所造。』」顧炎武日知錄卷三：「自周南至豳，統謂之國風，此先儒之誤，程泰之（大昌）辯之詳矣。豳詩不屬於國風，周世之國無豳，此非太師所采。」季札觀樂自邶鄘衞至檜其數凡十，蓋邶鄘衞合爲一，檜以下無曹。程氏謂其數凡十有三，誤矣。程氏認風爲徒詩，亦誤矣。漢書食貨志：「行人采詩，獻之太師，比其音律獻之天子。」毛詩卷阿傳：「明王使公卿獻詩，遂爲工師之歌。」朱熹詩經集註「天子受之（指國風）而列於樂官」皆說明國風，非僅可歌，而且入樂，非徒詩也。程氏謂「國風非古也」顧氏亦主程說，皆誤矣。顧氏以「周氏之國無豳」，遂斷定「豳詩不屬於國風」，然則周世之國無王，不應有王風。魯隱公三年傳：「風有采蘩采蘋，雅有行葦泂酌。」已言及風。荀子儒效篇敘小雅、大雅、頌之前，有曰：「風之所以不逐者，取是（道）以節之也。」荀、左時，詩之篇首有風字之題。荀子大略篇有「國風之好色」，禮記表記三引「國風曰」，大略篇爲荀子門人所作，勸學篇至君子篇出於荀子自著，或者詩題之以風，是在荀子前，題之以國風，又在荀子之後。左傳：「自檜以下無譏焉。」檜下，尚有曹，檜、曹皆爲小國，檜曹之詩亦甚少，然檜曹之詩，實能媲美諸國。檜末篇匪風：「顧瞻周道，中心怛兮。」又曰：「誰將西歸，懷之好音。」曹風末篇下泉：「愾我寤歎，念彼周京。」又曰：「四國有王，郇伯勞之。」長吁短歎，傷宗周之離亂；竭智盡忠，繫王室之安危。季札不能無譏，左氏不能無述。下泉之作，約在魯昭二十五六年間，去季札觀樂時，約二十八九年，斯時匪風下泉，或尚未加諸檜曹之末，或工歌檜曹詩，未及此二篇。各國之詩，當然未能全部歌出，檜曹之詩，除匪風下泉外，無精采處，故或季子無譏也。

周南召南，毛詩分爲周南召南二目，左傳列周南召南爲一目。朱熹詩傳謂周，國名；南，南方諸侯之國也。其得之國中者雜以南國之詩，而謂之周南，言自天子之國而被於諸侯。其得之南國者則直謂之召南，言自方伯之國，被於南方，而不敢繫於天子也。朱熹並依舊說，以二南爲正風，用之閨門鄉黨邦國而化天下。鼓鐘之詩：「以雅、以南、以籥，不僭。」又以南爲樂名，故人謂周南召南，爲南樂也。論語：「人而不爲周南召南，其猶正牆面而立也歟！」故人對周南召南更爲重視。惟周南召南，居三百篇之首，孔子指周南召南或概括三百篇而言，未必專指周南召南而已，周南召南之詩，祇二十五篇，孔子不能棄其餘之二百八十篇而認爲無足輕重，但無論如何解釋，周南召南之重要性概可知矣。周南召南之詩，出於盛周，惟何彼穠矣一篇，據顧炎武等之考證，爲東周平王時之作；而甘棠一篇，固爲召公後之作。關睢一篇，有謂爲康王時之刺詩。山堂考索載林氏曰，二南之詩，雖多美詩，亦有刺詩；不徒西周之詩，亦有東周之詩。邶鄘衞，三國名，衞併邶鄘。毛詩邶鄘衞分三目，左傳邶鄘衞爲一目。邶風十九篇，鄘風十篇，均爲衞詩，而仍用邶鄘之名，或者太師之本，原有邶鄘衞三國之目，及三國之詩，衞併邶鄘後，原有三國之詩亡軼，而衞國之詩，遂分列於邶鄘衞三目。左傳將邶鄘衞列爲一目，較爲妥善。顧炎武解釋更爲清楚，其日知錄卷三：「邶鄘衞本三監之地，自康叔之封未久而統乎衞矣。采詩者猶存其舊名，謂之邶鄘衞。邶鄘衞者總名也，不當分某篇爲邶，某篇爲鄘，某篇爲衞，分而爲三者，漢儒之誤，以此詩之簡獨多，故分三名以各冠之，而非夫子之舊也。考之左氏傳襄公二十九年，季札觀樂於魯，爲之歌邶鄘衞，曰：美哉淵乎，憂而不困者也。吾聞衞康叔武公之德如是，其衞風乎？而襄公三十一年，北宮文子之言，引衞詩曰威儀棣棣，不可選也。此詩今爲邶之首篇，乃不曰邶而曰衞，是知累言之則曰邶鄘衞，專言之則曰衞，一也；猶之言殷商，言荆楚云爾。意者西周之時，故有邶鄘之詩，及幽王之亡而軼之，而太師之職猶不敢廢其名乎？然名雖舊而辭則今矣。」王非國名，不應列於國風。朱熹詩傳，謂王在東周都洛邑王城畿內，方六百里之地。平王遷居東都王城，王室遂卑與諸侯無異，故其詩不爲雅而爲風；然其王號未替也，故不曰周而曰王。顧炎武謂采於東都者，則繫之王，其日知錄卷三：「邶鄘衞王列國之名，其始於成康之世乎？惟周王撫萬方巡侯甸，而太師陳詩以觀民風，其采於商之故都者，則繫之邶鄘衞，其采於東都者，則繫之王。（王亦周太師之本名，馬永卿述元城劉先生之言，亦謂邶鄘衞本商之畿內，故序王之上。）其采於列國者則各繫之其國。至驪山之禍，先王之詩，率已闕軼，而孔子所錄者，皆平王以後之詩，此變風之所繇名也。詩雖變而太師之本名則不改變，此十二國之所猶存其舊也。先儒謂王之名，不當儕於列國，爲之說曰，列黍離於國風，齊王德於邦君（晉范寧春秋穀梁傳序）誤矣。」又曰：「自幽王以上，太師所陳之詩亡矣。春秋時君卿大夫之賦詩無及之者，此孔子之所不得見也。是故詩無正風。」鄭在王畿之內雖開國於周宣之時，在次序上，尚後於王而先於列國。顧炎武日知錄卷三：「自邶至曹，皆周初太師之次序。先邶鄘衞，殷之故都也，次之以王，周東都也。何以知其爲周初之次序？邶鄘也，晉而謂之唐也，皆西周之舊也。惟鄭乃宣王所封，中興之後，始立其名於太師；而列於諸國之先者，鄭亦王畿之內也，故次於王也。桓公之詩，不存，故首緇衣也。」論語「鄭聲淫」是指鄭詩入樂，聲調淫溢，非淫亂也，更非詩之淫亂也。鄭詩二十五篇，除狡童篇，稍嫌輕佻，餘皆貞靜有禮，有人因鄭聲淫之言，而認鄭詩爲淫詩，誤矣。

國風百六十篇，作者之身份與環境，容有不同，而以詩抒發其性情，吐露其感慨則一也。或男女以正，婚姻以時，齊家以治其國，正己以風其下，如關雎、桃夭、鵲巢、摽有梅、何彼穠矣、女曰鷄鳴、鷄鳴、著、綢繆諸詩。或男悅女戀，意洽情投，在今日誠爲戀愛常規，不宜視爲淫亂，如靜女、有狐、木瓜、采葛、大車、丘中有麻、將仲子、蘀兮、遵大路、有女同車、山有扶蘇、狡童、褰裳、丰、東門之墠、風雨、子衿、揚之水（鄭風）、野有蔓草、溱洧、東方之日、東門之枌、東門之池、東門之楊、月出、澤陂諸詩。或男女守禮，賢婦盡職，如芣苢、漢廣、葛覃、樛木、螽斯、采蘩、采蘋、行露、小星、江有汜、野有死麕、柏舟（鄘風）、碩人、出其東門、墓門諸詩。或征人役久，閨婦怨深，如卷耳、汝墳、草蟲、殷其靁、擊鼓、雄雉、伯兮、君子于役、君子陽陽、揚之水、涉岵、鴇羽、葛生、晨風諸詩。或思國懷君，救亡圖存，如式微、旄丘、簡兮、泉水、北門、載馳、竹竿、河廣、黍離諸詩。或去國懷鄉，憂讒畏譏，或刺人無禮，或自傷孤獨，如北風、十畝之間、碩鼠、采苓、衡門、防有鵲巢諸詩。美刺君王，如麟趾、定之方中、干旄、淇澳、考槃、芄蘭、叔于田、大叔于田、清人、東方未明、南山、甫田、盧令、敝笱、載驅、猗嗟、園有桃、揚之水（唐風）、椒聊、無衣（唐風）、有杕之杜、車鄰、終南、黃鳥、權輿、宛丘、墓門、株林、羔裘、候人、相鼠、杕杜、羔裘（檜風）諸詩。美刺大臣，如甘棠、兔罝、緇衣、羔羊、干旄、羔裘（唐風）、葛屨、汾沮洳、伐檀諸詩。或遇人不淑，自抒哀怨，如柏舟、綠衣、燕燕、日月、終風、谷風諸詩。歎喪亂者，有中谷有蓷、兔爰、葛藟、隰有長楚、匪風、下泉。刺淫亂者，有匏有苦葉、新臺、二子乘舟、墻有刺、君子偕老、桑中、鶉之奔奔、蝃蝀、氓、凱風。至於蟀蟀、山有樞、蜉蝣，刺奢儉也。騶虞、還、駟鐵，述田獵也。蒹葭、渭陽，懷人贈別。小戎、無衣（秦風），贊美武功。素冠，刺不盡喪禮也。豳風七月、鴟鴞東山三篇，是周公爲東征而作；破斧，伐柯，九罭，狼跋四篇是時人爲周公東征而作也。

㈣雅

毛詩大序：「言天下之事，形四方之風，謂之雅。雅者正也，言王政之所由廢興也。政有大小，故有小雅焉，有大雅焉。」

朱熹詩經集註：「雅者正也，正樂之歌也。其篇本有大小之殊，而先儒說，又各有正變之別。以今考之，正小雅，燕饗之樂也；正大雅，朝會之樂，受釐陳戒之辭也。故或歡欣和悅，以盡群下之情，或恭敬齋莊，以發先王之德，辭氣不同，音節亦異，多周公制作時所定也。及其變也，則事未必同，而各以其聲附之，其次序時世，則有不可考者矣。」雅，不限於王政，王政以外之詩亦多，小雅不限於小政，大雅不限於大政，燕饗之樂，朝會之樂，受釐陳戒之辭，亦不以小雅大雅爲分際。有謂以腔不同而分大小雅者，有謂純乎雅之體者爲大雅，雜乎雅之體者爲小雅；有謂雅與夏通，以地得名，小雅爲小夏之詩，大雅爲大夏之詩；以上三說亦非確論。朱熹謂雅者正樂之歌也，謂大小雅辭氣不同，音節亦異，變雅事未必同，而各以其聲附之。雅爲正樂之歌，大小雅以音樂別之，較爲合理之論。

小雅，君臣之間，互相贊美、燕樂、慰勞、答謝之詩，有鹿鳴、四牡、皇皇者華、天保、蓼蕭、湛露、彤弓、裳裳者華、桑扈、鴛鴦，魚藻、采菽諸篇。兄弟、朋友、親戚、新婚燕樂之詩，有常棣、伐木、魚麗、南有嘉魚、頍弁、車舝、瓠葉諸篇。美刺君王，有鳴雁、庭燎、節南山、鼓鐘，瞻彼洛矣、角弓、苑柳諸篇。征戍有采薇、出車、杕杜、六月、采芑、祈父、采綠、黍苗、隰桑、漸漸之石、何草不黃諸篇。憂歎喪亂有沔水、正月、十月之交、雨無正、小旻、小宛、大東、四月、都人士、苕之華諸篇。或盡瘁王事，或劬勞思親，如蓼莪、北山、無將大車、小明、緜蠻諸篇。或去國懷鄉，或憂讒畏譏，如白駒、黃鳥、我行其野、巧言、何人斯、巷伯、青蠅諸篇。或自怨怨人，或自誨誨人，如白華、鶴鳴、小弁、谷風、賓之初筵諸篇。至於楚茨、信南山、甫田、大田，田事祭饗也。斯干，慶築室落成。無羊，慶畜牧蕃昌。南山有臺詠得賢。菁菁者莪詠育才。車攻、吉日，詠田獵也。大雅之詩，可分爲三大部份，一爲朝會之樂，及追述祖德以戒君王，多爲周公所作。如文王、大明、緜、棫樸、旱麓、思齊、皇矣、靈臺、下武、文王有聲、生民、公劉諸篇。二爲美刺或告誡君王之詩，如泂酌、卷阿、民勞、板、蕩、桑柔、雲漢、崧高、蒸民、瞻卬、召旻、江漢、常武諸篇。三爲祭祀及燕饗酬答之詩，如行葦、既醉、鳧鷖、假樂諸篇。此外抑篇爲自戒，韓奕篇爲贈別耳。

(五)頌

毛詩大序：「頌者，美盛德之形容，以其成功，告於神明者也。」詩譜釋之爲容。周禮註亦謂容爲頌，是皆以容釋頌也。

劉勰文心雕龍：「容告神明謂之頌，頌王告神，義必純美，魯國以公旦次編，商人以前王追錄，斯乃宗廟之正歌，非燕饗之詠也。」朱熹詩傳：「頌者宗廟之樂歌，大序所謂美盛德之形容，以其成功告於神明者也。蓋頌與容，古字通用，故序以此言之。周頌三十一篇，多周公所定，而亦或有康王以後之詩。魯頌四篇，商頌五篇，因亦以類附焉。」惠惕周詩說：「公羊傳：『什而稅，頌聲作。』雅詩：『家父作誦，以究王訩。』左傳：『聽輿人之頌。』刺亦可以言頌矣。按禮記：『學樂、誦詩、舞勺。』文王世子：『春誦夏弦。』孟子：『誦其詩，讀其書。』左傳：『使太師歌巧言之卒章，太師辭，師曹請爲之，遂誦之。』以是觀之，比音曰歌，擧其辭曰頌也。」頌釋爲容，容貌也，從舞而言也。又釋爲誦，誦，誦歌也，從樂歌言也。故詩之名頌，實兼有容，頌二義。美盛德之形容，頌王告神，乃宗廟之歌，非燕饗之常詠；用之歆格鬼神，主於揚盛德，敍成功，達子孫之孝思，臣庶之誠敬。周爲天子，魯爲周公之後，受成王之特賜；商爲先代帝王之裔，於周爲賓，皆得用天子之禮樂。頌之爲體，質而不文，簡而不繁，奧而不膚，謹重而不佻，令人肅然而恭穆然而思；其同乎風雅者，頌亦爲樂歌，所謂寬而靜，柔而正者，宜歌頌；其異於風雅者，風雅爲有韻之作，頌多無韻之章。所謂風雅之用韻者其聲促，頌不用韻者其聲緩。

季札聘魯觀樂，「爲之歌頌」未分別言明周頌、魯頌、商頌。然商魯之頌與周頌截然不同，不能混而歌唱。孔穎達正義，亦謂「此當是歌周頌。」歌工風雅遍歌，無獨遺二頌之理；魯爲客作樂，亦無自遺魯頌之理。論者遂謂魯太師之詩本，尚無魯商二頌，疑爲孔子編詩時所附入，朱熹亦謂「魯頌四篇，商頌五篇，亦因以類附焉。」或季札祇請觀周樂，故歌工不歌魯頌商頌歟？

(六)正變，四始，四詩之說

詩經所謂「正變」「四始」「四詩」諸問題，無甚意義，亦不重要。風雅正變之說，始於詩大序，而完成於鄭玄。詩大序：「至於王道衰，禮義廢，政教失，國異政，家殊俗，而變風變雅作矣。國史明乎得失之迹，傷人倫之廢，哀刑政之苛，吟詠性情以風其上，達於事變而懷其舊俗者也。」

鄭玄在詩譜序中，將風雅正變明確區分。以二南雅之鹿鳴、文王之屬，及頌詩爲詩之正，以邶鄘衞以下，及雅之記幽厲之缺者爲詩之變。詳言之，國風除二南以外，皆爲變風。從六月至無羊十四篇，是宣王之變小雅。從節南山至何草不黃四十四篇，前儒申公毛公皆以爲幽王之變小雅。從民勞至桑柔五篇，是厲王之變大雅。從雲漢至常武六篇，是宣王之變大雅。瞻卬及召旻二篇，是幽王之變大雅。

宋朱熹詩經傳序：「惟周南召南，親被文王之化以成德，而人皆有以得其性情之正，故其發於言者，樂而不過於淫，哀而不及於傷，是以二篇獨爲風詩之正經。自邶而下，則其國之治亂不同，人之賢否亦異。其所感而發者，有是非邪正之不齊，而所謂先王之風者，於此焉變矣。至於雅之變者，亦皆一時賢人君子閔時病俗之所爲，而聖人取之，其忠厚惻怛之心，陳善閉邪之意，尤非後世能言之士所能及之。」

正變之別，別於治亂，而有撥亂反正之意。莊子有六氣正變之說，六氣者陰陽風雨晦明也。春秋以來亦有天氣正變之說，鄭玄等持撥亂反正之旨，或受其影響而持正變之說歟。然所謂正者，未必全正。甘棠之作，決不在召伯生前；何彼穠矣，更在東周以後；摽有梅、漢廣、行露、野有死麕，又未必在王道未衰，政教未失之時，即文王之化，自家而國，男女以正，婚姻以時之關雎篇，尚疑爲康王之刺詩。若衞風之淇澳，鄭風之緇衣，齊風之雞鳴，秦風之小戎，小雅之車攻，吉日，大雅之雲漢、崧高、蒸民、韓奕，其中多爲正聲而非變也。宋葉適習學記言序：「言詩者自邶鄘衞而下，皆爲變風，其正者二南而已。二南，王者所以正天下，教則當然，未必其風之然也。行露之不從，野有死麕之惡，雖正於此而變於彼矣。若是則詩無非變，將何以存。夫爲言之旨，其發也殊，要以歸於正爾。美而非諂，刺而非訐，怨而未憤，哀而非私，何不正之有。」宋程大昌詩論：「夫同名風雅，中分正變，是明以璠璵命之，而曰其中實雜碔砆，不知何以名爲也。」又云：「信四詩而分美惡，雖甚善附會者，愈鑿而愈不通。」後人作詩，自命爲正，力避其變，致造成詩壇因襲模擬之風，又一蔽也。

四始之說，見於大序與史記孔子世家。關雎爲風始，鹿鳴爲小雅始，文王爲大雅始，清廟爲頌始。衞宏則謂大明在亥水始也，四牡在寅木始也，嘉魚在巳火始也，鴻雁在申金始也；則近於讖緯之學，不足取也。

所謂四詩，爲風、小雅、大雅、頌。因詩分爲風雅頌，而雅又分爲小雅大雅。此種分法，屬於正宗。惟左傳及論語，常以周南召南與雅頌對稱，江漢之辭，爲周室化行南國之詩，與一般風詩有別，故程大昌以南、風、雅、頌爲四詩；並謂南、雅、頌爲樂詩，而風爲徒詩。其實風詩皆可入樂亦爲樂詩而非徒詩也。豳風諸詩，記述周初政治教化，且多出於周公之手，亦可謂與一般之風詩相異。故顧亭林以南、豳、雅、頌爲四詩，而以風爲附，其日知錄卷三：「周南召南，南也，非風也。豳謂之豳詩，亦謂之雅，亦謂之頌（據周禮籥章）而非風也。南、豳、雅、頌爲四詩，而列國之風附焉。」然列國之風，爲詩之重要部份，淪爲附屬，亦有不當。程大昌、顧亭林對詩之分法，不足爲訓。

七、詩與樂

㈠樂教

樂記：「凡音者生人心者也，情動於中，故形於聲，聲成文謂之音。是故治世之音安以樂，其政和；亂世之音怨以怒，其政乖；亡國之音哀以思，其民困；聲音之道與政通矣。——鄭衞之音亂世之音也，比於慢矣。桑間濮上之音，亡國之音也，其政散，其民流，誣上行私而不可止也。」又云：「德者性之端也，樂者德之華也，金石絲竹，樂之器也。詩言其志也，歌詠其聲也，舞動其容也，三者本於心，然後樂器從之。是故情深而文明，氣盛而化神，和順積中而英華發外，唯樂不可以爲僞。」三百篇之遺音，不可復知，樂記論詩與樂，樂與政之關係，深切而著明也。

荀子樂論，論及詩樂之關係，更爲警闢：「夫樂者樂也，人情之所必不免也。故人不能無樂，樂則必發於聲音，形於動靜，而人之道，聲音動靜性術之變，盡是矣。故人不能不樂，樂則不能無形，形而不爲道，則不能無亂。先王惡其亂也，故制雅頌之聲以道之，使其聲足以樂而不流，使其文足以辨而不諰，使其曲直繁省，廉肉節奏，足以感動人之善心，使夫邪汚之氣，無由得接焉。是先王立樂之方也。」荀子大略：「國風之好色也，傳曰：『盈其欲而不愆其止，其誠可比於金石，其聲可內於宗廟。』小雅不以於汙上，自引而居下，疾今之政以思往者，其言有文焉，其聲有哀焉。」

梁劉勰文心雕龍樂府篇：「故知詩爲樂心，聲爲樂體，樂體在聲，瞽師務調其器，樂心在詩，君子宜正其文。」

詩以言志，樂以永言。人類藉語言以表情，表情之不足則抑揚其聲，以爲歌唱，歌唱與人類而俱生，聲相應，於是有相和之歌，有譜器之樂。獨歌之際，已有舞蹈之節，待成群而合唱，譜樂而繁奏，擊節而與舞，是謂樂之大成。樂可分爲天然之樂，與人爲之樂。天然之樂，又可分爲個人之樂與合群之樂。個人因表情而歌唱，因歌唱而入樂，是個人之樂。因聲而感應，成群而合唱，合唱入樂，是合群之樂。人爲之樂，是取詩歌以入樂，精於聲音，譜之以調，樂器繁多，繼之以舞。樂之發達與境遇有關，境遇困窘者，拍節與數量均告簡略；境遇寬裕者，則可隨欲奔放，人爲之樂，亦必隨之而俱繁。所以一般人爲之樂，必出自貴族巨室，而士庶黎民，多保持其天然之樂也。詩爲載貞淫正變之辭，樂爲訂清濁高下之節，即所謂曲詞曲譜也。詩樂爲一體之二面，在六經中，詩樂各爲一經，又將詩樂分爲二教，同時並重。經解：「詩之教，溫柔敦厚；樂之教，廣博易良。」王制：「樂正立四教以造士，春秋教以禮樂，冬夏教以詩書。」詩教樂教，各有其旨，亦各有其教學之時，不分輕重。惟樂漸次泯失，經已亡無可稽考，而詩經之應用，於戰國時雅樂由是淪亡，而不復矣。詩樂之因應，而其本身却有本末先後之分。朱熹：「詩之作本言志而已，未有歌也；及其歌也，未有樂也；以聲依永，以律和聲，則樂爲詩而作，非詩爲樂而作也。詩出乎志者也，樂出乎詩者也，詩者其本而樂者其末也。」范家相詩瀋：「作詩非緣樂，作樂必因詩。」又曰：「生於心而節於音調之詩，一言詩而樂自寓焉，委巷小兒，皆可配以管絃；優伶俗樂，吹竹彈絲，亦能別翻新調，一言樂而章曲亦生焉。」

(二)詩樂舞之關係

詩與樂，詩與舞，樂與樂，樂與樂器，皆有莫大之關係。周代詩、樂、舞、樂器，均甚發達。周禮載周代樂官自大司樂以下，有十九種不同之職位。周禮太師篇，記太師之職樂，在掌六律六呂，以合陰陽之聲，文之以五聲，播之以八音。周禮大司樂篇：「司樂以禮奏黃鐘，歌大呂，舞雲門，以祀天神；乃奏太簇，歌應鐘，舞咸池，以祭地祇。」周公以六樂教國子，卽以黃帝、堯、舜、禹、湯、周六代之樂及六代之舞，以教國子。黃帝之舞爲雲門、大卷，堯舞爲大咸，又稱咸池，舜舞爲大磬，又稱大韶，禹舞爲大夏，湯舞爲大濩，又稱韶濩，周舞爲大武。周公對於樂舞，承前開後，禮樂完備，凡郊廟祭祀，朝廷燕饗，軍旅征伐，鄉飲，鄉射，以及房中燕饗，無不俱備。八音、五聲、六律、六呂，——六律六呂亦稱十二律，皆已建立。八音者金、石、絲、竹、匏、土、革、木。五聲者宮、商、角、徵、羽。六律者，黃鐘、大簇、姑洗、蕤賓、夷則、無射。六呂者，大呂、夾鐘、仲呂、林鐘、南呂、應鐘。

詩經、周禮、樂記、爾雅、尙書等書有關八音之說。金音之代表爲鐘，依聲之清濁，分錞、鐲、鐃、鐸。依形之大小分鏞、鎛、剽、棧。黃帝始鑄十二鐘，唐虞三代，均盛行造鐘。周南：「鐘鼓樂之。」石音之代表爲磬。石音屬角，剛介而難諧和。樂記：「君子聽磬聲，則思死封疆之臣。」商頌：「旣和且平，依我磬聲。」絲音爲八音之主，而以琴瑟爲代表。琴禁邪，瑟懲忿，入詩之處甚多。小雅：「妻子好合，如鼓瑟琴。」竹音在八音中，僅次於絲。周禮載有篴、簫、管、籥、篪數種，篴卽笛。爾雅載簫有大小二種，小曰言，大曰交。尙書：「簫韶九成，凰鳳來儀。」爾雅稱管有大中小三種。周頌：「磬筦將將。」筦卽管。籥如笛而三孔。邶風：「左手執籥，右手秉翟。」是文舞之樂器。篪，較笛略粗，有七孔，形式大小不一。小雅：「伯氏吹壎，仲氏吹篪。」釋名：「篪，啼也，聲從孔出，如嬰兒啼聲也。」匏音有二器，一爲笙，二爲竽，笙竽雖爲竹屬，以竹管列於匏內，故稱爲匏。笙有和聲作用，周代有笙詩之樂宮。小雅：「鼓瑟吹笙，吹笙鼓簧。」簧卽是笙。王風：「君子陽陽左執簧。」朱熹註：「笙竽皆爲簧。」詩中未見詠竽。土音有壎、缶兩種。壎似桃形，大如鵝卵者曰雅壎，如鷄卵者曰頌壎。小雅：「伯氏吹壎，仲氏吹篪。」大雅：「天之牖民，如壎如篪。」缶，中虛善容，外圓善應。陳風：「坎其擊缶，宛丘之道。」毛傳釋：「盎謂之缶。」革音爲鼓。大鼓有皐、賁、田三種，皐一作鼛，賁一作鼖。小鼓有鼗、應、朔、鞞四種。周南：「鐘鼓樂之。」周頌：「應田縣鼓鼖（卽鼗）磬柷圉。」大雅：「鼛鼓勿勝。」詩祇有應田鼗鼛四種，餘未見。鼓之作用，在節樂聲，用於軍旅田役。其中以鼛鼖兩種鼓最大，大率用於軍旅征伐，木音有柷敔兩種。周禮：「小師掌教鼓鼗柷敔。」周頌：「鞉磬柷圉。」圉卽敔，又作圄，柷用於樂之始，敔用於樂之終。

詩也，樂也，舞也爲一體之三位，一物之三面，分流而同源，異途而同歸。詩者咨嗟咏歎之聲，樂者土鼓葦籥金石絲竹之音，舞者屈伸俯仰，搖擺動蕩之容。蓋感而爲聲，咏而爲詩，動而爲舞，節而爲樂。歌必有舞，舞隨詩歌而俱興；舞必有樂，樂隨舞蹈以和歌。

世本稱伏羲作瑟，女樂作笙簧，風俗通言神農作瑟。此時文字未興，已有樂器，知詩、樂起源之早。堯舜之時，既立樂官復設樂教，更訂舞曲，尤見詩樂之體尊而用廣也。人生喜怒哀樂之情，發爲聲音言語，而狀之以文辭，協之以音律，合之以節奏，表之以舞蹈；以辭言其志爲詩，以樂詠其聲爲歌，以節動其容爲舞，三者因應而生也。然自三百篇以降，而詩樂分途，其故蓋有四焉。一則樂經亡於秦火，古樂絕傳。二則樂府聲歌，過而不留，經時而泯，如宋元曲之節奏，迄今尚難聞問，遑論古樂。三則意專而不普遍，作者詠志而聽者怠聞，不合大衆要求。四則辭繁不節，讀者快心而樂者力竭，雖有樂師名手，亦難入樂，所以木蘭辭、焦仲卿妻、四愁、七哀等篇，不被之管弦也。樂與詩分而與舞合，詩與樂舞永分而不復合矣。

㈢詩三百篇皆可入樂

論語：「吾自衞返魯，然後樂正，雅頌各得其所。」遂使後之學者，懷疑國風是否入樂？或認變風變雅甚至最少部份，未能入樂。顧炎武謂詩有入樂不入樂之分，日知錄卷三：「鼓鐘之詩曰以雅以南。子曰，雅頌各得其所。夫二南也，豳之七月也，小雅正十六篇，大雅正十八篇，頌也，詩之入樂者。邶以下十二國之附於二南之後而謂之風，鴟鴞以下六篇之附於豳而亦謂之豳，六月以下五十八篇之附於小雅，民勞以下十三篇之附於大雅而謂之變雅，詩之不入樂者也。」黃氏日抄：「國風之用於燕饗者惟二南，而列國之風，未嘗被之樂也。夫子之所言正者雅頌，而未及乎風也。」然據史記：「詩三百篇孔子皆絃歌之，以求合韶武雅頌之音，然後禮樂可得而述。」其第二句，孔子下之皆字，是包括三百篇總體而言，非一部份。周官：「大司樂掌成均之法，以樂德、樂語、樂舞教國子，以六律、六同、五聲、八音、六舞、大合樂、分樂，而序之；以祭，以享，以祀。太師教六詩——風賦比興雅頌，以六德爲之本，以六律爲之音。」是風賦比興頌雅六詩皆可調以六律，不限於某一部份。墨子公孟篇：「誦詩三百，弦詩三百，歌詩三百，舞詩三百。」毛傳鄭風靑靑子衿：「古者敎詩以樂，誦之歌之弦之舞之。」是詩三百篇，皆可誦弦歌舞，亦不限於一部份。馬瑞辰言之更爲澈透，在其毛詩傳箋通釋：「詩三百篇，未有不入樂者，……周官太師教六詩，而云以六德爲之本，以六律爲之音，是六詩皆可調以六律也。鄭風子衿毛傳云：『古者教詩以樂誦之，歌之，弦之，舞之。』其說正本墨子。是三百篇皆可誦歌弦舞也。若非詩皆入樂，則何以六詩皆以六律爲音？又何以同是三百篇而可誦者，即可弦可歌可舞乎？左傳：「吳季札請觀周樂，使工爲之歌周南召南……」若非入樂，則十四國之詩，不得統之以周樂也。孔穎達正義：「變者雖亦播於樂，或無算之節，所用或隨事類而歌。」是詩之變者，亦可播於樂也。巧言，詩之變也，然衞獻公使太師歌巧言之卒章。大戴禮投壺稱可歌者八篇，中有魏風之伐檀，小雅之白駒，則所謂變者未嘗不入樂也。子夏對魏文侯曰：「鄭音好濫淫志，宋音燕女溺志，衞音超數煩志，齊音敖僻喬志。」此專論樂音也，若不入樂，將何以論其音？師乙對子貢曰：「寬而靜，柔而直者宜歌頌；廣大而靜，疏達而信者宜歌大雅；恭儉而好禮者，宜歌小雅；正直而靜，廉而謙者宜歌風。」此亦概三百篇而言之也。蓋衆聲節其鐘鼓，而樂師辨乎聲詩，韶武雅頌皆爲樂名，孔子自衞返魯正樂使雅頌各得其所，是雅頌之樂得其所，非指三百篇雅頌之詩，得其所也。雅，在西周已爲樂曲之名；頌，在編詩時與雅同爲樂曲之名；而風，則待至列國付之工歌，而關雎付之繁樂，始爲樂曲之名。王莽立毛詩又立樂經於學宮，詩與樂並峙於西漢末年。儒者習樂不特以三百篇爲工歌，而且入之弦舞。二南之詩用之燕樂、鄉樂、射樂、房中樂。鼓籥卒章謂以雅以南，春秋傳謂象箾南籥，文王世子謂胥鼓南。儀禮所載，自金奏爲始以至升歌、間歌、合樂、舞樂、禮樂，甚爲明備。元吳澂校定詩經序曰：「國風乃國中男女道其情思之辭，人心自然之樂也。故先王採之以入樂而被之弦歌。朝廷之樂歌曰雅，宗廟之樂歌曰頌，於燕享焉用之，於朝會焉用之，於祀享焉用之，因是樂之施於時事而作爲辭也。然則風因詩而爲樂，雅頌因樂而爲詩，詩之先後於樂不同，其爲歌辭一也。」

(四)風與樂

孔子正樂祇言雅頌，因而有風爲徒詩之誤解。風詩原爲歌謠，自有其對歌之擊器與手拍，但取入詩中而後譜之爲樂，悉付工歌，且付於繁聲之工歌。儀禮鄉飲酒禮等言工歌，有工四人，二瑟，或工六人，四瑟，此爲琴瑟合歌，以斷續爲節，非若笙管之長鳴。鼓鐘篇有繁聲之歌，季札觀周樂有工歌，儀禮有合樂。入於工歌，爲鼓瑟之樂歌。入於繁樂之工歌，爲繁樂之樂歌。儀禮鄉飲酒禮、燕禮、鄉射禮，歌笙之後，又有合樂，其所用詩篇爲周南關雎、葛覃、卷耳，召南鵲巢、采蘩、采蘋。合樂者非歌相間而爲衆樂同奏，人聲樂聲雜沓相和。豳詩入樂，由歌豳以至吹豳。周禮籥章：「掌土鼓豳籥。中春，晝擊土鼓，歈豳詩以逆暑。中秋，夜迎寒亦如之。凡國祈年於田祖，歈豳雅，擊土鼓，以樂田畯。國祭蠟，則歈豳頌，擊土鼓，以息老物。」此以豳爲吹樂固不爲工歌也。所謂豳雅豳頌，亦見雅頌同倫，其聲不同而已。七月篇可吹成風雅頌三曲辭同而聲異耳。顧炎武日知錄卷三：「樂記子夏對魏文侯曰，鄭音好濫淫志，宋音燕女溺志，衞音趨數煩志，齊音敖僻喬志，此四者皆淫於色而害於德，是以祭祀弗用也。朱子曰，二南正風房中之樂也，鄉樂也。二雅之正雅，朝廷之樂也；商周之頌，宗廟之樂也。至變雅則衰周卿士之作，以言時政之得失，而邶鄘以下，則太師所陳以觀民風者耳。非宗廟燕饗之所用也。但據程大昌之辨，則二南自謂之南，而別立正風之目者非。」又曰：「周公追王業之始，作爲七月之詩，兼雅頌之聲，而用之祈報之事。周禮籥章，逆暑迎寒，則龡豳詩。祈年於田祖，則龡豳雅。祭蜡，則龡豳頌。雪山王氏曰，此一詩而三用也。」風詩在季札時之入樂，爲鼓瑟之工歌。在儀禮之合樂。爲繁聲之工歌。周禮樂章，言吹豳，是爲吹樂。鍾師：「凡射，王奏騶虞，諸侯奏貍首，卿大夫奏采蘋，士奏采蘩。」樂師：「凡射，王以騶虞爲節，諸侯以貍首爲節，大夫以采蘋爲節，士以采蘩爲節。」所謂「爲節」者，自不必歌其辭，祇按詩譜曲，奏樂以爲射節；亦不必取其義，祇重其聲之節次耳。風詩入樂，竟徒取其格式，節次，而不取其詩義，南詩爲三百篇之首，涉樂尤繁，更無以取其詩義也。周官大司樂：「大射，王出入，令奏王夏，及射，令奏騶虞，詔諸侯以弓矢舞。」先言金奏、中言奏騶虞、末言舞，亦爲樂次之三段。金奏之後，至射時，僅言奏騶虞，不言歌，末言弓矢舞又不出舞曲，則其以射爲重，非以樂爲重也。若王夏無辭，僅有節次之曲譜，則騶虞之辭，亦或形同虛設。樂有用風之辭者，有用其聲而涉其辭意者，有用其聲者，有徒用之以作譜者，孔子使雅頌各得其所，而不言風，其以此歟？

(五)雅與樂

小雅鼓鐘篇：「以雅、以南、以籥，不僭。」西周時必有樂歌名爲雅者。小雅、大雅，猶後世言小曲、大曲，小調、大調之類。左傳，載詩編之前五十年中，工歌者四事，用詩九篇，除不見於詩之一篇及載馳一篇外皆爲大小雅之詩，卽六月、湛露、彤弓、板、鴻雁、四月、采薇七篇。皆爲鼓瑟之樂而非繁奏。左傳魯襄四年「工歌文王之三」「歌鹿鳴之三」。鹿鳴之三，是連鹿鳴下三篇，卽鹿鳴、四牡、皇皇者華。文王之三，是連文王下三篇，卽文王、大明、綿。鹿鳴與文王，以聲調之不同，而分爲大小雅。儀禮鄉飲酒禮：「工歌鹿鳴、四牡、皇皇者華，笙南陔、白華、華黍，乃間歌魚麗，笙由庚。歌南有嘉魚，笙崇丘。歌南山有臺，笙由儀。」燕禮工歌，間歌，同於鄉飲酒禮。大射禮「乃歌鹿鳴三終」。燕禮記「升歌鹿鳴」。諸樂歌皆見於小雅。間歌者乃爲工歌惟笙歌相間耳。小大雅以樂曲之大小而區別之。小雅采薇、出車，大雅江漢、常武，俱言王師出征；小雅節南山、正月，大雅瞻卬，召旻俱譏王朝，若非依樂曲之大小，則分列小雅大雅，無甚意義。鄭玄詩譜：「其用樂國君以小雅，天子以大雅。」又注鄉飲酒禮燕禮：「小雅為諸侯之樂，大雅頌為天子之樂。」是亦以樂歌之大小分也。雅詩有即詩即樂者，有舉詩付之工歌者，有舉詩以合樂者，有為樂而作歌者，有有譜無辭者，有俱舞之合樂中，為人聲之歌者，有俱舞之曲，僅以簫籥譜而奏之而無歌辭者，種類繁多未見一致。

(六)頌與樂

頌者，宗廟之樂歌，美盛德之形容，兼有容，誦二義，容，貌也，從舞而言；誦歌也，從樂歌而言。頌為歌曲，皆可入樂，頌而兼舞，亦可不舞。孔子正樂，以樂聲為主，以詩意為輔。禮記文王世子，言「登歌清廟」。明堂位言「升歌清廟」。祭統言「升歌清廟」。如工歌鹿鳴，文王相同，是以人聲為重之中詩歌樂，在升歌之次，與始而金奏，末而管舞者不同，頌詩多為樂歌，周頌昊天有成命，是郊祀天地之樂歌也。清廟，是祀太廟之樂歌也。我將，是祀明堂之樂歌也。載芟、良耜，是藉田社稷之樂歌也。頌是否皆為舞曲，則不盡然。左傳魯宣十二年楚莊王述詩，謂武王克商而作頌，見周頌之時邁。其論武，則武、桓取武王之辭；賚，取文王後武王膺受之語皆就詩辭之義，而一謂為頌，一謂為武，皆未明言其為舞曲。左傳季札觀樂，上言「為之歌頌」，下言「見舞大武者」，明頌是歌樂，而武是舞樂，原自不同。古代舞曲或有譜有辭，或有譜無辭。鄭玄箋象舞為象用兵時刺伐之舞，為武王所制。胡墨莊毛詩後箋二十六卷：「鄭謂武王所制者，武王之作象舞，其時似但有舞耳。考古人制樂，聲容固宜兼備然亦有徒歌徒舞者，三百篇皆可歌，不必皆有舞，則武王制象舞時，殆未必有詩。」以樂聲為重，徒有曲譜，以人聲為重，則尚歌辭。禮記郊特牲，升堂而歌，歌者在上，歌而間笙，匏竹在下，歌聲樂聲，未可僭越。禮記樂記：「清廟之瑟朱弦而疏越，一唱而三歎，有遺音者矣。」按之樂次，歌舞異倫，歌有辭，舞未必有辭也。樂次大約始而金奏，中而笙歌，末而管舞，皆可譜以歌辭，然工歌多間於三者之間。工歌以辭為重，必有歌辭。蓋金奏與管舞以樂為重，故未必有歌辭，金奏大聲鏘鏘，本不用歌以譜之，管舞即舞時吹管，以容貌動作為主，以聲節之，亦不必用歌。吹笙有南陔、華黍諸調，而有聲無辭，自成拍節。故金奏之肆夏，管舞之象、南，固不必於三百篇中求其辭也。舞樂之言曲，在論語八佾曰韶、武。在左氏魯襄二十九年傳，曰象，曰南，曰大武，曰韶濩，曰大夏，曰韶。在公羊魯昭二十四年傳，曰大夏、大武。在禮記文王世子，曰南，曰象，曰大武。在內則，曰勺，曰象，曰大夏。在明堂位，曰象、大武、大夏。在祭統，曰武、宿夜，曰象、大武、大夏。在仲尼燕居，曰象、武、夏。在儀禮燕禮記，曰勺。在周禮大司樂，曰雲門、大卷、大咸、大磬、大夏、大濩、大武。在荀子禮論，曰韶、夏、濩、武、汋、桓、箾、簡、象。在莊子天下篇：「黃帝有咸池，堯有大章，舜有大韶，禹有大夏，湯有大濩，文王有辟雍之樂，武王、周公作武。」以上諸樂，皆無曲辭流傳，必有曲而無辭。楚莊所述之武，在今周頌中者，在孔子時，必尚未取以入詔武之武樂，卽令原爲樂曲，亦必如清廟之爲歌樂而非如大武之爲舞曲也。周之舞樂，有象、南、武、勺、桓。象、南，知已無辭。武、勺、桓之辭見頌詩，是否爲舞曲之辭？勺，卽汋，卽酌，見於內則、燕禮記、荀子。勺、桓，見於荀子。周頌中有酌、桓二篇。左氏魯宣十二年傳述隨武子之言，引汋曰：「於鑠王師遵養時晦。」引武曰：「無競惟烈。」皆見今周頌酌篇。隨武子以汋、武並論，楚莊僅論武。酌已爲舞曲之辭，武雖不能證其原爲樂而作之舞曲，然至後來殆亦爲舞曲之辭矣。在左傳時，酌爲一篇，武與賚、桓，同爲一篇，而爲舞時按拍之歌。周頌酌、桓、賚、般並列。酌原爲舞曲，改居其首。桓、賚由武詩分出，已非左傳時之原本，題之曰桓、賚，次之於酌，自爲曲牌之名，殆亦皆爲舞曲。般，準之桓、賚，自亦由別詩分出，以便取其辭以入樂。桓、賚爲左傳所述之武詩，其必將武詩析而爲二，一仍以武名，一爲桓、賚。荀子曾擧武、汋、桓，而賚又由武詩分出，般由別詩分出，而次於酌、桓、賚之後。據左傳武詩已取入舞樂，以勺配酌，據今詩之次，左傳後再分其一部以配酌，而成爲酌、桓、賚、般。似武、酌、桓、賚、般五篇，可謂之舞曲之辭。頌中其餘各篇，是否爲舞曲，則不可考矣。頌仍以樂歌爲主，其異於雅者在其聲。頌之聲較風雅爲緩。頌可無韻，但未必皆無韻。周頌清廟、維天之命、昊天有成命、時邁、噫嘻、武、酌、桓、賚、般十篇無韻，魯頌、商頌則用韻甚密，魯頌幾乎句句用韻，周頌除上述十篇外，其餘用韻亦密，執競、有聲、閔予小子、載芟、良耜皆用韻甚密，雖則句句用韻。王靜安謂頌詩多無韻，又謂頌不分章；未盡然也。

八、詩經欣賞與批評

(一)詩教

詩歌之發生，或由於順性遂志，而表達其愉快之感；或由於困心衡慮，而表達其堅苦之忱；或由於橫逆紛投，而表達其哀怨之思。而其反應皆助於人性之提高，民德之歸厚，良善風俗之發揚。此先儒之所謂詩教也。

毛詩大序：「情發於聲，聲成文謂之音。治世之音安以樂，其政和；亂世之音怨以怒，其政乖；亡國之音哀以思，其民困。故正得失，動天地，感鬼神，莫近於詩。先王以是經夫婦，成孝敬，厚人倫，美教化，移風俗。」

孔穎達毛詩正義：「詩者，承也，志也，持也。承君政之善惡，述己志而作詩，所以持人之行，使不失墜。」又曰：「詩者論功頌德之歌，止僻防邪之訓，雖無爲而自發，皆有益於生靈。六情靜於中，百物盪於外，情緣物動，物感情遷。若政遇醇和，則歡娛被於朝野；時當慘黷，亦怨刺形於詠歌。作之者所以暢懷舒憤，聞之者足以塞違從正，發諸性情，諧於律呂，故曰：感天地，動鬼神，莫近於詩，此乃詩之爲用，其利大矣。」

禮記經解篇：「孔子曰：入其國，其教可知也。其爲人也，溫柔敦厚，詩教也。……詩之失愚……其爲人也，溫柔敦厚而不愚，則深於詩者也。」孔穎達正義曰：「經解一篇總是孔子之言，記者錄之以爲經解者——溫柔敦厚詩教也者。溫謂顏色溫潤，柔謂性情和柔，詩依違諷諫，不指切事情，故云溫柔敦厚是詩教也。——詩之失愚者，詩主敦厚，若不節制，則失在於愚。」禮記出自漢初經生，所述孔子之言，不可盡信。然溫柔敦厚之說，則深入人心，中國詩詞，每作委婉之辭，不敢有所指斥，恐失詩人忠厚之旨。

論語爲政：「詩三百篇，一言以蔽之，曰思無邪。」論語陽貨：「子謂伯魚曰，女爲周南召南矣乎？人而不爲周南召南，其猶正牆面而立也與。」朱熹詩經傳序謂：「此詩之爲經，所以人事浹於下，天道備於上，而無一理之不具也。」詩有樂有哀，然樂而不淫，哀而不傷；詩有情有怨，然情止乎義，怨不至亂。或美、或刺、或勸、或懲，要皆不失爲溫柔敦厚之旨，使人得性情之眞，而所思無不出乎正，則日常起居，莫非天理之流行。從社會言，祇有哀怨之思。而無暴戾之氣；就男女言，祇見悱惻之情，而少邪恥之行。所謂鄭衞多淫奔之詩，而其詩辭，以現代眼光觀之，亦爲表達男女愛戀之常規，未可稱爲淫亂。所謂「鄭聲淫」或指量多調强，亦未必解爲淫亂。孔子取魯頌駉篇末章「思無邪」三字以概論全三百篇，或孔子讀詩至此三字，而對全三百篇，發生共鳴之情緒也。後之詩人，力持溫柔敦厚之旨，存乎詩中，以示存忠厚，繼三百篇之餘緒也。然三百篇不無例外，如相鼠篇：「人而無儀，不死何爲。」褰裳篇：「狂童之狂也且。」皆毒罵之辭，渺無溫柔敦厚之旨。

先儒以詩之功用，偏重於政治敎化，遂將「止乎禮義。」「使人得性情之正。」「持人之行，使不失墜。」「承君政之善惡。」「經夫婦，成孝敬，厚人倫，美敎化，移風俗。」種種政治作用、倫理作用，强加諸人之一身，以「溫柔敦厚」之詩敎，爲作詩解詩之準繩。不僅秉此準繩，衡斷前人之詩；作詩之人亦秉此準繩，以拘束其詩思。此種政治化、倫理化之詩，雖或爲一部份詩人有所安排，而獲得讀詩評詩者之景仰贊賞；但詩之本質是文學而非政治敎化。政治敎化强化後，詩之錮蔽生焉。就三百篇言，詩小序、詩經傳註，爲符合溫柔敦厚之詩敎，將詩意穿鑿附會以達其目的，而詩之眞意，消失無餘。後之詩人爲顧及美刺法戒之旨，凡義禮所不允許之事，不敢介入詩內，即欲介入，亦必裝出道學面孔，轉彎抹角，隱隱約約，看不清作者之意向。表面「使人得性情之正。」而作者自身之性情如何，亦使人難以捉摸。詩本言志，作者志之所在，其誰知之？離騷之幽憤，寄託於美人香草；阮藉詠懷閃鑠其辭；杜甫秋興，諸將諸作，隱晦難明；李商隱無題詩，更多附會。此種立意不明，措辭不顯之詩，不獨未能「使人得性情之正」，更失其「述己志而作詩」之立場也。詩之重要元素爲情感。情動於中而形於言。詩篇而無眞正之情感，則無存在之價值，必不能引起讀者之反應與共鳴。陷政治教化之深淵，則變成有韻之格言，汩沒其自得之性情，失詩之本意矣。春秋時朝聘、燕飲，賦詩見志，往往斷章取義，以意逆志，已失詩之本義。唐以詩試士，不僅詩有定式，詩題亦常限於古人之成句。作詩者「貌古人而襲之，畏古人拘之。」拘守繩墨之中，不敢別入新式，別添新意。不少新詩體，新詩境之創造與開拓，不創於典型詩人之士大夫，反出於無名樂府，教坊之民間歌謠。

詩固有美刺時政，但亦有歌頌自然，敍述人情。情固有理智之表達，但更多感情之流露，與想像之寄託。詩固有規諫教訓之寓意，但更多對物而不對人，對情而不對事。若必以强化之政治倫理觀，加於詩章，使之立意不明，眞情不露，新思不生，是詩章成爲政治倫理之奴隸，而失其本旨，其錮蔽之弊莫大焉。

㈡興觀羣怨

論語陽貨：「詩可以興，可以觀，可以群，可以怨，邇之事父，遠之事君，多識於鳥獸草木之名。」作詩者，喜怒哀怨，一往情深，感情之純潔，性情之天眞，淋漓於字裏行間，使讀之者，興起鼓舞，心心相印，情感交流，思而不知其所往，動而不知其所以，作者讀者，融通而成爲一人。甚至對喜怒哀怨之情，忠厚惻怛之心，讀者之感應，嘗較作者之表白，有過之而無不及，所謂拍案叫絕，感慨涕零，非虛語矣。此之謂詩可以興。詩，表現個人之哀樂，風俗之美惡，政治之得失。古代政治，無報告調查統計資料，對民情風俗政治經濟狀況，全憑詩以作觀察。漢書藝文志所謂古有采詩之官，王者所以觀風俗，知得失，自考正也。毛詩卷阿傳所謂明王使公卿獻詩，以陳其志，遂爲工師之歌。朱熹詩經集註謂諸侯采之（指國風），以貢於天子，天子受之而列於樂官，於以考俗尚之美惡，而知其政治之得失。春秋時列國朝聘燕饗，或賦詩以明志，是對個人之觀察也。或觀樂而置評，如吳季札聘魯請觀周樂，觀樂之後，本其觀察，逐次加以評論。詩爲現況之表達，使人得之爲觀察之資，以生感應而資考正。此之謂詩可以觀。作詩者以詩流露其喜怒哀樂之情，忠厚惻怛之心，是個體之表白。讀詩者對此喜怒哀樂之情，忠厚惻怛之心，而生感應，是群體之共鳴。男女，夫婦，父子，兄弟，朋友，君臣，擴而至於人與人間，國與國間，以詩交流其感情與意志，一方以賦詩以言志，一方以讀詩觀詩以知人，而達到群居群樂之最高境界。此之謂詩可以群。與觀群皆有積極而具良性之意義，而詩可以怨之怨字適相反。詩敍哀怨之情，亦以諷刺政治，但哀而不傷，怨而不怒，不務言理而言情，不務勝人而感人。再引孟子之言以申論之。詩小弁篇哀怨俱深，凱風篇溫厚自責，殊無怨意，同爲至親之詩而措辭不同如此。孟子在告子篇，加以解釋謂：「凱風親之過小者也，小弁親之過大者也，親之過大而不怨，是愈疏也，親之過小而怨，是不可磯也，愈疏不孝也，不可磯亦不孝也。」詩人有溫柔敦厚之旨，忠厚惻怛之心，怨與不怨皆是也。孟子之說，庶幾可詮釋詩可以怨之眞諦乎。興觀群怨之外，事父事君，亦甚重要。三代政治及儒家學說尊君父而重忠孝。孟子所謂「詩亡然後春秋作。」「孔子作春秋而亂臣賊子懼。」詩與春秋之基本精神，卽尊君父而重忠孝，詩經「不遑將父」「不遑將母」「哀哀父母」「父母孔邇」「其慰母心」「有懷二人」「無忝爾所生」「靡瞻匪父，靡依匪母」「王室如燬，父母孔邇」「王事靡盬，不遑起處。」「微君之故，胡爲乎中露。」「載馳載驅，歸唁衞侯。」「悠悠蒼天，此何人哉。」「誰將西歸，懷之好音。」「愾我寤歎，念彼周京。」至美刺君王，思君懷鄉之作，更難枚擧，邇之事父，遠之事君，在詩經中尤拳拳致意焉。

㈢詩以足言

春秋之時，期聘盟會，賦詩酬應，如對三百篇無深刻研究，則未能應對裕如，有失禮節。論語子路：「誦詩三百，授之以政，不達，使於四方，不能專對，雖多亦奚以爲？」論語季氏：「不學詩，無以言。」左傳子叔子賦野有蔓草而趙孟曰：「吾子之惠也。」子羔賦野有蔓草而韓宣子曰：「孺子善哉。」子叔子賦褰裳而韓宣子曰：「起在此，敢勤子至於他人乎？」言在此而意喻彼。左氏魯襄四年傳：「穆叔如晉，報知武子之聘也。晉侯享之。金奏肆夏之三，不拜。工歌文王之三，又不拜。歌鹿鳴之三，三拜。」其答云：「三夏，天子所以享元侯也，使臣弗敢與聞。文王，兩君相見之樂也，臣不敢及。鹿鳴，君所以嘉寡君也，敢不拜嘉。」

左傳魯襄公十三年：吳侵楚，養由基奔命，子庚以師繼之。……大敗吳師，獲公子黨。君子以吳爲不弔。詩曰：「不弔昊天，亂靡有定。」左傳魯定公四年：申包胥如秦乞師……秦伯使辭焉，曰：寡人聞命矣，子姑就館，將圖而告。對曰：寡君越在草莽，未獲所伏，下臣何敢即安。立依於庭墻而哭，日夜不絕聲，勺飲不入口。七日，秦伯爲之賦無衣，九頓首而坐，秦師乃出。左傳魯閔公元年，管敬仲引「豈不懷歸，畏此簡書。」魯僖公二十二年臧文仲引「戰戰兢兢，如履薄冰。」魯文公十年子舟引「剛亦不吐，柔亦不茹。」魯宣公十年，召文子引「君子如怒，亂庶遄阻。」魯成公二年子重引「濟濟多士，文王以寧。」魯哀公二十六年，子貢引「無競惟人，四方其順之。」皆爲應對辯論中，引詩之例。

私人談話或討論問題，亦嘗引詩爲喻。論語學而：「子貢曰：『貧而無諂，富而無驕，何如？』子曰：『可也，未若貧而樂道，富而好禮者也。』子貢曰：『詩云：「如切如磋，如琢如磨」其斯之謂與？』子曰：『賜也始可與言詩已矣，告諸往而知來者。』」論語八佾：「子夏問曰：『巧笑倩兮，美目盼兮，素以爲絢兮，何謂也？』子曰：『繪事後素。』曰：『禮後乎？』子曰：『起予者商也，始可與言詩已矣。』」孟子萬章因咸丘蒙之問，謂「說詩者不以文害辭，不以辭害志，以意逆志，是爲得之。」是言詩者，又不可斷章而取義也。

(四)詩經與文學

詩、書、易、禮、樂、春秋稱爲六經。詩經之眞實性，不比書經、禮記，遭及僞經之懷疑與攻擊。書、易、禮、樂、春秋五經，均爲記事記言之作，而詩經爲言志表情之書。詩經三百五篇，分爲風、雅、頌。雅又分爲小雅大雅。國風分十五國，共一百六十篇。周南十一篇，召南十四篇，邶風十九篇，鄘風十篇，衞風十篇，王風十篇，鄭風二十一篇，齊風十一篇，魏風七篇，唐風十二篇，秦風十篇，陳風十篇，檜風四篇，曹風四篇，豳風七篇。小雅七十四篇。大雅三十一篇。頌四十篇，內商頌五篇，周頌三十一篇，魯頌四篇。共計一千一百四十三章，七千二百八十五句，二萬九千六百四十五字。莊子天運篇：「孔子謂老聃曰：丘治詩書易禮樂春秋六經以爲文。」因謂詩之稱經，始於當時，然孔子不應以自著之春秋，亦稱爲經，且天運非莊子自著，而出於後人之手。禮記經解篇述及六經，但經解之作，不能早於莊子。六經之稱，恐自漢代始也，最早亦在戰國時代。章學誠謂「後世之文，源於六藝，而多出於詩教。」白居易與元稹書：「夫文尚矣。三才各有文，天之文，三光首之；地之文，五材首之；人之文，六經首之。就六經言，詩又首之。何者？聖人感人心而天下和平。感人心者，莫先乎情，莫始乎言，莫切乎聲，莫深乎義。詩者，根情、苗言、華聲、實義，上自聖賢，下至愚騃，微及豚魚，幽及鬼神，群分而氣同，形異而情一，未有聲入而不應，情交而不感者。聖人知其然，因其言，經之以六義，緣其聲，緯之以五音，音有韻，義有類，韻協則言順，言順聲易入，類擧則情見，情見則感易交。於是乎孕大含深，貫微洞密，上下通而一氣泰，憂樂合而百志熙。五帝三皇所以直道而行，垂拱而理者，揭此以爲大本，決此以爲大寶也。」後世文章，多出於詩教。後世詩章，皆淵源於詩經。詞、曲，屬其支流，詩之結構，篇無定章，章無定句，句無定字。其辭簡而不繁，質而不文，用具體之字句，不採抽象之語言，反復廻旋，不嫌重複，而含味雋永，餘味無窮。作者之眞摯心情，躍然紙上，而時代背景，社會現況，風俗良窳，政治得失，流露無餘，詩三百篇洵爲文學之先河，藝林之淵藪，政治之考據，在政教上文學上，具有崇高之地位。

詩句結構，無一定之規律，由一言以至九言，字句長短，純合自然，如緇衣之「敝，予又改爲兮。」敝，爲逗點，此爲一言。二言如祈父之「祈父。」三言如「振振鷺，鷺如飛。」四言如「關關雎鳩。」五言如「誰謂雀無角。」六言如「我姑酌彼金罍。」七言如「交交黃鳥止於桑。」八言如「十月蟋蟀入我床下。」。九言如「洞酌彼行潦挹彼注茲。」詩經主要結構，以四言詩爲主。每篇全部四字句的，共有一百四十篇。內中國風七十九篇；小雅四十一篇；大雅六篇；周頌十三篇；商頌一篇。全部五字詩，只有一篇。四五字雜言詩，七十三篇。三四字雜言詩二十二篇。四六字雜言詩十一篇。三四五字雜言詩十四篇。四五六字雜言詩十八篇。其他字數的雜言詩，都在三篇以下。詩經四言詩，上承唐虞股肱、卿雲之歌體，反復咏歎，達於極致，漢魏晉六朝，雖多四言之作，而不及遠甚。自唐以後，更見消沉。四字詩，形式整齊，變化太少，字少意促，易流板滯，如詩經造辭遣句，運用自然，不易得也。二言，如漢鐃歌朱鷺篇，上邪篇，傅玄晉鼓吹曲天序篇有二字句，雖力倣詩經祈父，亦未見工。三言爲漢郊祀歌天馬、天門、五神、朝隴首、象載瑜、赤蛟諸篇，漢鐃歌朱鷺篇，以及古五雜組詩，韋昭吳鼓吹曲，炎精缺篇之藍本；至李白天馬歌，竟形成爲三言詩之體制。五言爲漢代五言詩之濫觴，樂府採用尤多。六言，樂府採用亦多。曹丕黎陽作，令詩兩篇，全用六言，成爲六言詩之體制。七言，樂府採用甚多，且爲七言詩之雛型。八言九言，或因難於歌唱，或因句長氣餒，倣倣較少，蔡琰胡笳十八拍，雖有八九言句，但倣離騷而非詩經。後世七古，間或有八九言句，爲行文所必需，而非有意模倣詩經也。

詩好用重字，幾乎每篇皆有，以形容其聲貌形狀，更使所述生動有致。重字如此之多，或者上古之民，語言不甚發達，發音時不能斂捷，因而重複一字，如口吃者之言期期，乳兒之呼媽媽，作詩者依據傳統語句，入列詩中。後世詩文，用重字則太少，用亦難工，如杜甫詩「無邊落木蕭蕭下，不盡長江滾滾來。」重字如此之工已不多見。是否後世語言進步，重字已失其作用歟—螽斯篇，每句皆有重字。桃夭篇每章皆有重字之句。兔罝篇首四句，三句皆有重字。芣苢篇每章有兩句重字。麟之趾篇每章有重句。草蟲篇首章四句，其中三句有重字。殷其靁篇每章有重字句。

小星篇二章，各有重字。詩經重字之多，擢髮難數。雙聲如「參差」「黽勉」。疊韻如「消遙」「綢繆」。雙聲而兼疊韻，如「緜蠻」「間關」。複辭如「萋萋萋萋」「雝雝喈喈」「儦儦俟俟」。二字相疊如「悠哉悠哉」「歸哉歸哉」「委蛇委蛇」。一、三字相同，如「不忮不求」「于沼于沚」「以敖以遊」。二、四字相同「綠兮衣兮」「頡之頏之」「今夕何夕」。四字疊句如「鼓瑟鼓琴鼓瑟鼓琴」四字四疊如「如切如磋，如琢如磨。」疊字對句如喓喓草蟲，趯趯阜螽。」詩經文字，多用複詞疊語，反覆迴環，使語意深長，音節重疊，劉勰文心雕龍所謂「皎日嘒星，一言窮理；參差沃若，兩字窮形。」深得此中三昧。文心雕龍物色篇，更指出：「詩人感物，聯類不窮，流連萬象之際，沉吟視聽之區。寫氣圖貌，既隨物以宛轉；屬采附聲，亦與心而徘徊。故灼灼狀桃花之鮮，依依盡楊柳之貌，杲杲為出日之容，瀌瀌擬雨雪之狀。喈喈逐黃鳥之聲，喓喓學草蟲之韻，雖復思經千載，將何易奪。」形式方面，除了字數以外，還有二種值得我們欣賞的。一、字句有重疊的、助語的、蟬連的、斷續的、轉折的、對偶的、反覆的、倒插的八種。二、篇章有半平列的、平列的、依次的、平列依次的、倒插的五種。王士禎漁洋詩話：「余因思詩三百篇，眞如化工之肖物。如燕燕之傷別，籊籊竹竿之思歸，蒹葭蒼蒼之懷人，小戎之典制，碩人次章寫美之妖冶。七月次章寫春陽之明麗，而終以女心傷悲，殆及公子同歸。東山三章之我來自東，零雨其濛，鸛鳴于垤，婦歎于室。四章之其新孔嘉，其舊為之何，寫閨閣之致，遠歸之情，遂爲六朝唐人之祖。無羊之或降予阿，或飲于池，或寢或訛，爾牧來思，何蓑何笠，或負其餱，麾之以肱，畢來既升，字字寫生，恐史道碩，戴嵩畫手，未能如此極姸盡態也。」

詩必協韻，爲重要規格之一，使人諧聲悅耳，而易唱、易聽、易記。顧炎武日知錄卷二十二：「古詩用韻之法，大約有三。首句次句連用韻隔第三句而於第四句用韻者，關雎之首章是也。凡漢以下詩及唐人之律詩首句用韻者源於此。一起卽隔句用韻者，卷耳之首章是也。凡漢以下詩，及唐人律詩之首句不用韻者源於此。自首至末，句句用韻者，若考槃、淸人、還、著、十畝之間、月出、素冠諸篇。又如卷耳之二章三章四章，車攻之一章二章三章七章，長發之一章二章三章四章五章是也。凡漢以下詩，若魏文帝燕歌行之類源於此。自是而變則轉韻矣。轉韻之始，亦有連用隔用之別，而錯綜變化不可以一體拘，於是有上下各自爲韻。若兔罝及采薇之首章，魚麗之前三章，卷阿之首章者。有首末自爲一韻，中間自爲一韻，若車攻之五章者。有隔半章自爲韻，若生民之卒章者。有首提二韻，下分二節承之，若有瞽之篇者。此皆詩之變格，然亦莫非出於自然，非有意爲之也。」又曰：「三百篇之詩，句多則必轉韻。魏晉以上亦然。宋齊以下韻學漸興，人文趨巧，於是有强用一韻到底者，終不及古人之變化自然也。古人用韻無過十字者。獨閟宮之四章，乃用十二字。使就此一韻，引而伸之，非不可以成章，而於義必有不達，故末四句轉一韻。是知以韻從我者，古人之詩也，以我從韻者，今人之詩也。自杜拾遺，韓吏部未免此病也。」

江慎修古韻標準，舉詩經韻例二十二。孔廣森詩聲分例，舉詩韻二十七。丁氏毛詩正韻，舉詩經韻例七十四，並謂詩經用韻，不專在語尾，又有經韻緯韻名目，連章隔章，皆認爲有韻。過於瑣碎，不足採用。詩句末字爲虛字，虛字不計，以虛字之上一字押韻，如芣苢篇及漢廣篇首章後四句，緇衣篇，遵大路篇，及小弁之六章，巧言之七章。鴟鴞末二章，亦每句押韻。詩經在聲韻方面：除了無韻以外，有：一、偶韻、二、奇韻、三、奇偶互韻；四、通韻；五、變韻；六、增韻；七、聯韻；八、重韻；九、雙聲疊韻；十、隔韻；十一、腰韻；十二、續韻；十三、邐韻；十四、逗韻；十五、縮韻；十六、助語韻；十七；尾上韻；十八、反韻。共十八種。

詩經名篇名章名句，美不勝收。而欲指出其最足欣賞者，則見仁見智，爭論不一。玆以己見提列，藉供參考。可列名篇者國風野有死麕、終風、擊鼓、式微、旄邱、北門、靜女、碩人、伯兮、黍離、君子于役、大車、大叔于田、溱洧、葛生、蒹葭、黃鳥（秦風）、無衣、（秦風）、權輿、衡門、株林、匪風、七月、鴟鴞、東山二十五篇。小雅采薇、出車、六月、采芑、祈父、斯干、無羊、小弁、蓼莪、北山、何草不黃十一篇。大雅大明、緜、皇矣、生民、公劉、板、抑七篇，總計四十二篇。而最足欣賞者，有下列各章。蒹葭首章：「蒹葭蒼蒼，白露爲霜，所謂伊人，在水一方，溯洄從之，道阻且長，溯游從之，宛在水中央。」在蒹葭蒼蒼之地，值白露爲霜之時，穆如清風已沁人肺腑，境界之高，似置身廣寒之宮。所懷之伊人，瞻之在前，忽焉在後，可望而又不可即，不即而又不能離，辭淺近而意深長，句簡略而情緜邈，洵千古絕唱，前無古人，後無來者。李白之詩，偶與近似，但較之蒹葭篇之肅穆悠揚，轉覺李詩之粗疏狂放矣。采薇末章：「昔我往矣，楊柳依依，今我來思，雨雪霏霏，行道遲遲，載渴載飢，我心傷悲，莫知我哀。」出車第四章：「昔我往矣，黍稷方華，今我來思，雨雪載塗，王事多難，不遑啟居，豈不懷歸，畏此簡書。」「楊柳依依」，「黍稷方華」，說盡無限之離情；「雨雪霏霏」，「雨雪載塗」，說盡歸途之勞苦。自春徂多，年復一年，久役之情，躍然紙上，而韻味悠揚，尤不可及。「行道遲遲，載渴載飢，我心傷悲，莫知我哀。」內心之沉痛，薄雲霄而亘萬古。「王事多難，不遑啟居，豈不懷歸，畏此簡書。」忠愛之奮發，動天地而泣鬼神。伯兮第二章：「自伯之東，首如飛蓬，豈無膏沐，誰適為容。」漢魏而後，閨怨之詩極多，而名作太少。閨婦思夫，其情緒心境，千言萬語，表達不盡，而此章以寥寥十六字，將閨婦之哀怨，表達無餘。唐詩：「閨中少婦不知愁，終日凝粧上翠樓，忽見陌頭楊柳色，悔教夫婿覓封侯。」誠屬名詩，雖為無名氏所作，唐詩選本，亦多選入。而伯兮第二章，知愁而不凝粧，惟伯方可為容，更見其真摯誠懇，忠厚惻怛。式微首章：「式微式微，胡不歸，微君之故，胡為乎中露。」株林首章：「胡為乎株林，從夏南，匪適株林，從夏南。」祈父首章：「祈父，予王之爪牙，胡轉予于恤，靡所止居。」上述三章，風格逼似。起首一二句，如驚濤駭浪，傾瀉而來，接一二句，即告結束，而不嫌迫促，反覺崖岸有致。株林首章，四句共十五字，株林從夏南五字重見，首句祇加胡爲乎三字，第三句，加匪適二字，即成如此奇特之詩格，足稱神筆，李白詩得其神似，但不及其錘鍊耳。碩人第三章：「手如柔荑，膚如凝脂，領如蝤蠐，齒如瓠犀，螓首蛾眉，巧笑倩兮，美目盼兮。」無羊第二章：「或降于阿，或飲于池，或寢或訛，爾牧來思，荷蓑荷笠，或負其餱，三十維物，爾牲則具。」此二詩風格近似。前詩寫莊姜之美，凡東方女子所能表現其美之處，皆引物作比，表達無遺；而最後二句，尤能把握審美之重點。後詩寫牛羊、牧童、牧地，及其一切活動神態，行止自得，順遂其性。此二詩由善畫家畫成美女圖，牛羊放牧圖，亦恐難如此之逼眞也。君子于役：「雞棲于塒，日之夕矣，牛羊下來。」秦風黃鳥：「臨其穴，惴惴其慄。」鴟鴞末章：「予羽譙譙，予尾翛翛，予室翹翹，風雨所漂搖，予維音嘵嘵。」皆名句也。詩經名作雖多，但缺乏文學價值者亦不少，頌詩四十篇一無可取，國風樛木、螽斯、芣苢、麟之趾、摽有梅、二子乘舟、相鼠、盧令、小雅魚麗，皆詩之下乘也。明王世貞，謂三百篇中有太直者、太累者、太庸者、太鄙者及太粗者。其言非苛論也。他說：「詩不能無疵，雖三百篇亦有之。—有太直者：『昔也每食四簋，今也每食不飽。』有太累者：『不稼不穡，胡取禾三百廛兮？』有太庸者：『乃如之人也，懷昏姻也，太無信也，不知命也。』有用意太鄙者，如『每食四簋』之類也。有太迫者：『宛其死矣，他人入室。』有太粗者：『人而無儀，不死何爲。』之類也。」

中華語文叢書
詩經繹評

作　　者／胡鈍俞 著
主　　編／劉郁君
美術編輯／鍾　玟

出 版 者／中華書局
發 行 人／張敏君
副總經理／陳又齊
行銷經理／王新君
地　　址／11494 臺北市內湖區舊宗路二段181巷8號5樓
客服專線／02-8797-8396　　傳　　真／02-8797-8909
網　　址／www.chunghwabook.com.tw
匯款帳號／華南商業銀行　西湖分行
179-10-002693-1　中華書局股份有限公司

法律顧問／安侯法律事務所
製版印刷／維中科技有限公司　海瑞印刷品有限公司
出版日期／2018年5月再版
版本備註／據1985年7月初版復刻重製
定　　價／NTD 200

國家圖書館出版品預行編目（CIP）資料

詩經繹評 / 胡鈍俞著. — 再版. — 臺北市 :
中華書局, 2018.05
面 ;　公分. — (中華史地叢書)
ISBN 978-957-8595-31-6(平裝)

1.詩經 2.研究考訂

831.18　　107004833

NO.H2022
ISBN 978-957-8595-31-6（平裝）